JN293616

奇妙な敗北
1940年の証言

Marc Bloch
マルク・ブロック
平野千果子 訳
tr. Chikako Hirano

L'ÉTRANGE DÉFAITE

奇妙な敗北

1940年の証言

Témoignage écrit en 1940

岩波書店

Marc Bloch
(1886-1944)

L'ÉTRANGE DÉFAITE
Témoignage écrit en 1940

Preface by Stanley Hoffmann for the 1990 edition

Preface copyright © 1990 by Stanley Hoffmann and Editions Gallimard

Inclusion of this preface arranged by Editions Gallimard, Paris
through le Bureau des Copyrights Français, Tokyo.

Preface by Georges Altman for the original edition

Preface copyright © 1957 by Armand Colin

Inclusion of this preface arranged by Armand Colin, Paris
through le Bureau des Copyrights Français, Tokyo.

目次

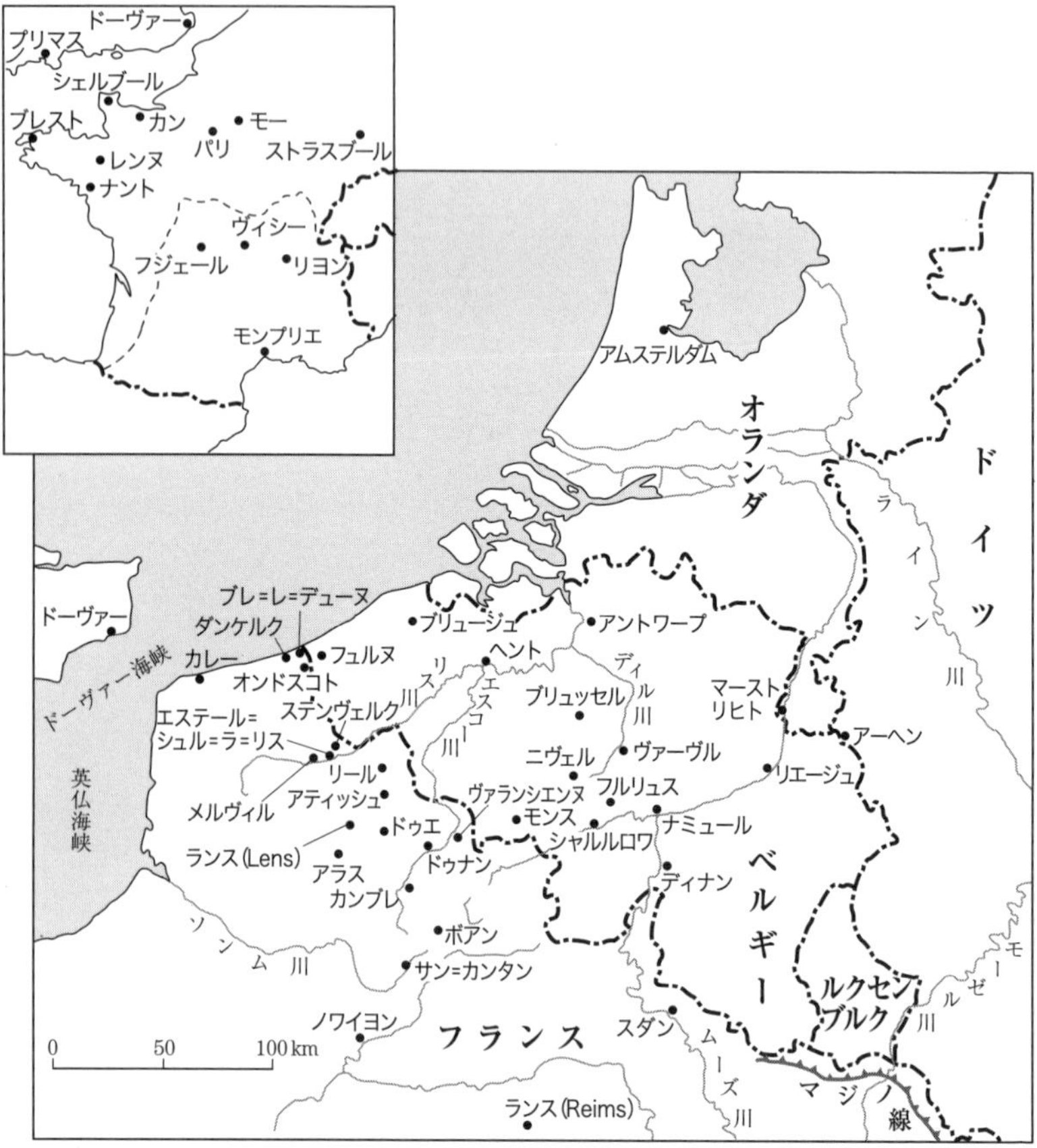

『奇妙な敗北』関連地図

参考文献：C. フィンク『マルク・ブロック——歴史のなかの生涯』河原温訳，平凡社，1994 年.
J. キャンベル編『20 世紀の歴史 15　第 2 次世界大戦（上）』小林章夫監訳，平凡社，1990 年.

序　文（一九九〇年版）

I

一九四〇年の破局から五〇年たった今でも、また著者自身が謙虚に「この一九四〇年の調書《プロセ・ヴェルバル》」と呼んだものが書かれてから五〇年たった今でも、偉大な歴史家でありフランスのために命を落としたレジスタンスの闘士であるマルク・ブロックの「証言」は、敗北の原因に関する最も洞察力のある公正な分析となっている。多くの回想録が書かれたし、調査、研究が進んで、新たに明らかになったこともある。また不十分とはいえ公文書も公開されてきた。それらのおかげで現在では、敗北の状況について、一九五七年に本書の第二版が刊行されたときよりも、多くのことがわかっている。しかしそうして知が蓄積されてくると、二つの大戦を戦ったブロックが、この国民的悲劇について敗戦の直後に示した判断の奥深さと正しさが、改めて確認されるのである。

雑誌『アナール』をリュシアン・フェーヴルと創刊したマルク・ブロックは、「現在について考えることなくして過去を理解するのは不可能である」ことをよく知っていた。ブロックは長期持続《ロング・デュレ》を唱えた歴史家であり、歴史教育に関しては、政治にとりつかれている、あるいは「いかなる社会的分析」にも「つつましく」控えめであるとして批判してきた。ブロックはこの試論において、一九四〇年の敗北についての分析をフランス史の連続性と変化のなかに見事に組み入れることができた。加えて、社会学的な理解のみならず、集合心理をつかんでいたことをも証明してくれた。

ブロックは、前例のない敗北の直接の原因を明らかにし解析した最初の人物である。それは「指揮の無能」であった。一九四〇年の敗北は、まず軍事的な敗北であった。しかも、はじめに人びとが信じたがったのとは異なって、フランスとイギリスが配備した兵力と軍備が数の上で劣っていたからではなく、知性の面で、そして行政の面で破綻していたゆえの敗北であった。行政面での破綻についてのブロック大尉の証言は貴重であり、多くの体系的な研究によって今日では補完されている。膨大な量の無用な書類、連絡や情報についての組織化のまずさ、等級や階級の細分化、上位からの命令の断片化、部局や指揮官の競争意識、現実の規律とは無関係な「訓練」の日常化、「もめ事」への恐怖と制裁への反感、責任感の消滅、等々。これらすべてに容赦なく言及されているが(社会学者ミシェル・クロジエは後にこれらについて確認し、一般化し、体系化することになる)、部分的には知性の面での怠慢に由来することであり、この点について明らかにしたのもブロックが最初である。

すなわち防衛戦という教義にこだわったために、思考が停止してしまった点である。第一次大戦、第二次大戦、それぞれを取りまく状況は技術的、政治的に異なるにもかかわらず、一九一四—一九一八年の第一次大戦における戦いの「教訓」のみが教義へと作り上げられ、それゆえに思考が停止していたのである。ブロックはまず、言葉に対する偏重と「一般論」とに基づく人材養成の方法を糾弾する(ドゴールは一九一八年以降の軍事思想がこせこせした教条主義にとらわれていると侮蔑を表わしているが、この点においてブロックはドゴールと考えを同じくする)。同時にブロックが告発するのは、フランス軍の昇級システムである。軍の頂点に着任したのは、過去の勝利についての解釈を再検討することのできない老人たちであり、つまり自らを省みることのできない者たちであった。必然的に、一九一四年夏の敗北後にジョッフル(一八五二—一九三一。マルヌで敗北した後、戦略上一時退却し、態勢を立て直して再度マルヌで闘い勝利した。一九一六年にフランス共和国最初の元帥になる)がしたようには反応できない者たちである。フランスの戦略は、細部にわたってすべてを予見することであった。ただし敵がとるであろう戦略について、ごくわずかな仮定からのみ出発するのである。おまけにブロックが鋭く見抜いていたことだが、フランスの戦略には、東部戦線における停滞に加えて、ベルギー軍への支援の動きも準備不足で、しかも決定的な転換点なのにいかなる側面から考えても無能な兵力しかない、という状況も重なり合っていた。それは最悪の形だった。その結果「それぞれ人類の異なる時代に属していた二つの敵が、私たちの戦場でぶつかったのであった。要するに私たちは、銃に長い投げ槍で対抗するという、植民地拡張の歴史にはなじみのある戦闘を再現したにすぎない。そして今回、未開人の役を演じたのは私たちだった」(本書八三頁)。

ただしブロックは「参謀部が国から支給された道具で仕事をしている」ことも知っていたし、しかも「参謀部自身が全面的に作り上げたのではない心理的環境」のなかで生活していたこともわかっていた。したがって一九四〇年の説明をするには、フランス社会とフランスの政治共同体の弱さを考慮に入れる必要があったのだ。本書第三章の並外れて濃密な五〇ページほどのなかでブロックは「あるフランス人の意識の検証」に専心しているが、それは市民として、そして歴史家としての行為である。ブロックは直観からだけでなく、職業ゆえにも、起きたばかりの惨事の全体像を即座に見渡して判断するに十分な距離をとることができた。これはまれに見る才である。ブロックは右翼に手厳しい。その敗北主義は、「フランスの歴史をたどるならば」「変わらぬ伝統」なのであり、しかも戦間期には排外的愛国主義《ショーヴィニスム》から、イギリス人が「宥和政策《アピーズメント》」と呼ぶものへと変わっていった。フランス農村史家マルク・ブロックは、大地への回帰をヴィシー政権が信奉することについては、皮肉たっぷりである。「村落が平和な避難所《アジール》のようにみえるのは、田園詩のなかにおいてだけである」。戦間期には「アメリカ化」と機械を非難していた「新しい世界に後ろ向きだったことについての諸々の文献」は、フランスに衰退という判定を下していた。「フランスで打ち負かされたのは、まさに私たちの愛しい小都市であるのだ」。何よりもブロックは、民主主義についての指導者階級の変遷を見事につかんでいた。指導者階級が民主主義を受け入れるのは、「いつものことだが、ここでも習慣が権利を遅らせ」る限りにおいてである。すなわち普通選挙が「中産階級の名士たちが地方に握っていた伝統的支配を」尊重する限りにおいてなのだ。しかし一九三〇年代の「経済的悲劇」によって人民戦線が結成されると、「大半のブルジョワジーの意見表明の仕方は、見逃すわけにはいかない」ようになった。*

＊　マルク・ブロックによるブルジョワジーの定義は、見事である。経済的、社会的、文化的要素、また主観的要因と客観的要因が組み合わされているが、これらは多くの場合、切り離されて語られてきた。「そこで私は、生活資源を手による労働に負わないフランス人を、フランスにおけるブルジョワジーと呼ぶ。その収入は、どこで得たものであろうと、また額もさまざまとはいえ、資力にゆとりを与え、財力という面で、労働者の給与のような危なっかしい手段よりはるかに高い保証を与えている。その教育は、古い家柄であれば時として子ども時分から、例外的な社会上昇を遂げた場合には上昇の過程で施されており、その豊かさ、調子、自負において、まったく共通の教養の規範というものを凌駕している。そしてブルジョワジー、は国民のなかで指導的な役割を担う階級に属すという自覚と自信をもつのみならず、服装や言葉遣いや礼儀などの多くの細部によって、多かれ少なかれ本能的にこの集団の独創性と集団的威信に愛着を示すのである」（二二四―二二五頁）。

このように語る市民ブロックは、だれにも遠慮しない。「苛立って」いたブルジョワジーは、「より公正な世界という希望に向かっての大衆の高揚」を理解することができないし、政治体制は「骨の髄まで腐敗」し、人民は「退廃」しているとみなす傾向がある。労働組合は（あるいは公務員の組合は）、「小額」のことや「現在の利益」のみに関心が向いてしまい、また「殺戮と正当防衛」の区別すらできない平和主義にとらわれている。グランド・ゼコールや大学は「名士の息子」が支配するところとなり、現職が新任を選んでいる。またこの世界には「旧弊や官僚主義や集団的尊大さ」もある。にわか勉強にのみ向かわせて、指導力や観察といったことを軽視する教育もしかり。公式の軍事思想と同じように、いかなる異論にも敵対的である硬直的なマルクス主義もしかり。国家の政治状況と折り合いがつかず、「無知と誤謬の壁」の背後に閉じこもる参謀部もしかり。参謀部の指導者たちは「きわめて早い時期から敗れて当然だと考えていた」。悪意があるというよりは弱々しい体制もしかり。弱体化した国民の力とは何の関係もない、しかも尊大な外交政策もしかり。これは一九一八年にようやく勝利を手にした後のことである。また「語る言葉と、書くペンと、考える脳」をもっていたのに「一種の運命論によって」、一般の人びとに知らしめ、教育しようとしなかった自分自身も、そしてその仲間たちをも、ブロックは容赦していない。彼らは日々の仕事において「よき労働者」であったことに誇りをもちつつ、よき市民である義務と、この「美徳」のために闘う義務を怠ってしまった。フランス革命も、またそれに先立ってモンテスキューも、「徳」は民衆の国家すべてに不可欠のものだと唱えていたのにである。

ブロックの診断を、他の二つの有名な分析と比較してみよう。レオン・ブルムは一年後に監獄で『人間の尺度で』(『人間から人間へ――わが人民戦線の回想』吉田八重子訳、人文書院、一九七五年)を書いて自身の意識の検証をしているが、ほぼすべての点において、ブルムはマルク・ブロックと意見の一致をみている。すなわち体制について、「労働者階級における明白な道徳的優越感の」ある種の「欠如」について、平和主義の荒廃について、「強化された資本主義」に向けて適切に形成されていないブルジョワジーについて、などである。他方、『大戦回顧録』(『ド・ゴール大戦回顧録』新装版、全六冊、村上光彦・山崎庸一郎訳、みすず書房、一九九九年)の第一巻でシャルル・ドゴールは、議会体制や「国家の滅亡」についてブルムやブロックよりも批判的で、たとえば近代戦争に向けてしかるべく準備するために、結局は成果なく終わったとはいえ、独自の闘いを示している。それは「体制と国家の精神」に呼応する「軍隊」の順応主義と受動性を明らかにした。ただし以上の三つの研究のなかで『奇妙な敗北』こそが、最も包括的で最も衝撃的なものであり続けている。

II

意識の検証は、復讐を呼びかけて終わっている。「いずれにしても、私たちはまだ血を流すべきだと思う」。これはとりわけドゴール的な表現である。ヴィシーにできた「老人たちの政府」の内にこもる臆病な態度とは、まさに正反対のものだからだ。ヴィシーというこの愚か者たちの政府は、フランスのさまざまな面の暮らしに配慮した結果、恥辱を受け入れ、悪行に手を染め、抑圧や内戦の被害者を増やしてしまった。マルク・ブロックの本は、二重の意味で模範的である。第一にブロックの判断は卓越していること、第二にブロックは自らの立場を明らかにするにとどまらず、この後に残された数年の間に、自身の方針にしたがって行動できたことである。

『奇妙な敗北』のマルク・ブロック、そしてレジスタンスのナルボンヌは、ある意味で人間の理想が生み出した最も純粋なもの、すなわち共和主義的市民なのではないだろうか。共和主義的市民は、まずフランス革命期にちらりとその姿を見せた（恐怖政治のジャコバン主義によって歪められる前である。恐怖政治は、状況とある種の民主的な全体主義の論理の産物だったのだが、民主的全体主義は自由主義の論理をしのいでいた）。次に共和主義的市民は、もう一人の偉大な歴史家であるミシュレによって、さらにルヌーヴィエ（一八一五―一九〇三。カント派の哲学者。共和主義の立場から政治にも関与した）によって称揚され、そして最後に第三共和政が讃えるところとなった。第三共和政の創設者たちの世代から、一九一八年の勝利の間の時期である（つまりマルク・ブロックの子ども時代と青年時代にあたる）。

共和主義的市民は、何よりも自由主義者《リベラル》である。ただし保守的な自由主義ではない。フランスの場合、一九世紀の思想家たちの多くが、また二〇世紀の思想家たちすらそうであった。これらの思想家は、結局のところ自由主義というよりも保守主義である。共和主義的市民が自由主義者だというのは、マルク・ブロック自身が申し分なく定義している意味においてである。

政治的結合体《シテ》とは個々人に奉仕するものなのであるから、権力は人びとの信頼を得て、その意見を聞くことで、たえず接触を保つよう努めなければならない。人びとの意見は、おそらく何らかの指針は与えられるべきだろうが、強制されたり騙されたりしたものであってはならない。指導者は理性に訴えることで、そうした意見に信をおくことができる。こうして指導者は、何よりも人びとが深く永続的に求めているものを見分け、ときには人びとが漠然と拒絶するものを普通の言葉で説明し、いわば自らのためにそれを明らかにしなければならない。このような議論は、安全が保障されていてこそ、はじめて行なうことができる。国家は個々人に仕えるものであり、人びとを強制してはならないし、人びとが気づかない目的のためだからといって無分別な手段となってもならない。人びとの権利は、安定した法の秩序によって保障されるべきである。ある集合的情熱によって結びつく親族関係というものは、ここでは法が統治する政治的結合体《シテ》に取って代わるのである。

(「私はなぜ共和主義者か」『カイエ・ポリティーク(政治手帖)』に掲載)

真の自由主義者にとって、教育はつねに理性の指導者であり、臣民が市民になるための道具であった。このことは、なぜ共和主義的市民のモデルが、小学校教師から大学教員にいたるまでのフランスの教育者をこれほどまでに魅了してきたのか、あるいはむしろ説得してきたのかの説明となるだろう。

しかしこのモデルには、代表制に対する信頼以上のものがある。同時にルソーの遺産と革命的な飛躍の遺産がある。「万民の体制としての」共和政は、国家の独立の庇護者であり、また内部における自由の保護者でもある。さらに何百万の個人の公民精神《シヴィスム》だけでなく、全体意思の表現なのである。――デュルケムの同時代人であるマルク・ブロックは、次のように述べている。「集合意識とは、人民の意識である。フランス国民を近代的に具現化したものが、共和国である。共和国のために市民は戦う義務があるのであり、しばしば死ぬ義務があるのだ」。モンテスキュー同様、よき自由主義者であるブロックは、情報に基づくのではなく「感情的に勧告する」ような体制を警戒していた。そして見てきたように、ブロックは行政官に「指導者」を対比させていた。しかし闘いの鐘が鳴れば、指導者が不可欠であることを共和主義者は知っているのだ。

真の指導者であるとは、何よりもまず、歯を食いしばることができることであろう。そしてみなにこの自信を与えることだ。真の指導者にそれができなければ、何びとにもできない。次に、何があっても自分の才能に絶望しないことだ。最後に、命令する相手のためにも自分のためにも、無意味な恥よりは実りある犠牲を引き受けることだ(一六七頁)。

これもまたドゴール的な定義である――そしてこれはドゴールとマルク・ブロック二人の肖像でもある。この模範的で注意深い大学人は、ジョルジュ・アルトマンがあますところなく描いているように、軍人生活への嗜好をもっていた。彼自身が「命令のなかの秩序」への好みだと定義しているようにである。軍人生活は、ブロックに国のために行動する機会と、組織化するという彼の情熱を開花させる機会を提供した。ブロックは死を恐れてはいなかった。ヴィシー政権期という暗い時代《アネ・ノワール》の手帳には、引用の形で多くの文章が集められているが、それらを見ると彼が不安をもつことなく死について頻繁に考えていたことがわかる。ラムネ(一七八二―一八五四。宗教思想家。広義の意味でのカトリック社会主義を代表する立場から政治・社会問題に取り組んだ)はこう書いている。「美しい人生でも、戦場や処刑台や監獄で終わらない場合、つねに何かが欠けているものだ」。あるいはロンサール(一五二四―一五八五。プレイヤード派の詩人。フランス語による詩の革新を唱えた)にこういう言葉がある。「美しく死ぬことは、人生を豊かにする」。

『奇妙な敗北』においてブロックは、最良の兵士とは、日常生活において自らの仕事をきちんとこなす者であると説明している。「丹念に成し遂げられた仕事に固有の必要性に、集団の本能が加えられる場合はとくにそうだ」。これは彼自身のレジスタンスへという道筋を予見させるものだが、彼の愛国心《パトリオティスム》、信念、ナチズムとそのフランスの共犯者への憤激、ヴィシーの老人支配への軽蔑から、直接に生じる軌跡でもあった。さらに、フランス人に「AはAである、BはBである、よってAはBでない、という古典論理学の古い公理」を取りもどさせたいという意思の直接的な現れでもある。

直接に生じる……。とはいえ、そのときまで何の変哲もなく「ブルジョワ的」であった人生においては、何と途方もない激変であろう！　この厳格で皮肉屋で冷ややかな人物(子どもたちに対しても、学生に対しても)は表立っては出さないものの、きわめて鋭い感受性のもち主で、二つの並外れた情熱を秘めていた。一つは家族に対するもの(周知のことだが、アメリカのニュー・スクール(ニューヨーク市のニュー・スクール・フォー・ソーシャル・リサーチ。ロックフェラー財団の支援も得て、一九三〇年代から亡命知識人を積極的に受け入れていた)にポストが用意されていたのだが、母と上二人の息子が一緒にアメリカに出発できそうもなかったので、ブロックはフランスを離れるのをあきらめていた)、とりわけ妻への愛情については、数々の詩のなかで別離への恐れが見事なまでに感動的に表現されている。もう一つは国民共同体に対するもので、もう一つ別の詩のなかで讃えている軍隊の「親しい仲間たち」から国民全体にまでおよんでいる。この国民への情熱のために、ブロックはすべてを犠牲にすることを決めたのである。五七歳にして彼は妻や家族のもとを離れ、地下活動に身を投じた。そしてリヨンでもパリでも、レジスタンスには組織者としての才能をもって貢献し、ブロック自身が望んでいた新しいフランスには、『奇妙な敗北』の末尾において現状と未来についての考察をしたためた。それはレジスタンス研究全国委員会(CGE)に向けたものでもあった(CGEは大学についての報告をまとめる任をブロックに託したが、逮捕されたときには未完であった)。

レジスタンスの英雄であり殉死者であるこの模範的な共和主義的市民には、二つの独自性があった。これらの独自性が彼の選択を方向づけたのだが、ブロックはまず公的な歴史に満足しない歴史家として、歴史について繊細で反決定論的な概念をもっており、それが敗北は何ら決定的なものではないと理解することにつながった。救済に向けて立ち上がる可能性について、集合意識が自覚されればよいのだ。

なぜなら歴史学はその本質からして、変化の科学である。まったく同じ二つの事件が起こりえないことは歴史においては知られているし、歴史はそういうものとして教えられる。諸条件が正確に一致することはありえないからである。歴史学は人間の発展の過程に、恒久的ではないにしても、少なくとも持続する要素を見分けるものであろう。それは同時に、そうした要素の組み合わせがほとんど無限にあるのを認めることでもある。また歴史学は、ある文明から別の文明へという変化において、細部の一つ一つが同じ繰り返しではなくても、少なくとも発展の大筋に一定の繰り返しがあると仮定するものである。そうであるなら歴史学は、双方の文明において、主要な条件は似通っていると確認していることになる。歴史学は未来を洞察しようとするものだし、私はそれが不可能だとは考えていない。とはいえ歴史学のもたらす教訓は、過去は繰り返され、昨日あったことが明日もそうだということではない。歴史学は昨日がいかに、そしてなぜ一昨日とは異なっているのかを検証し、その比較において、今度は明日がどのような意味において昨日と異なるのかを、予見する手段を見出そうとしているのだ(一七四―一七五頁)。

さらにこの共和主義の歴史家は、ユダヤ人であった。ユダヤ人として、彼はヴィシー政権の恐ろしい法律の犠牲になったのだ(すでに戦前、彼がコレージュ・ド・フランスの教授になれなかったことは、おそらく反ユダヤ主義と無関係ではなかっただろう)。しかしブロックはまさにユダヤ人として、何よりもまずフランス人であり共和主義者であると自ら感じたし、そうありたいと願っていた。当時権力の座にあったフランス人のなかに、ユダヤ人を疑わしい市民、あるいは(外国籍のユダヤ人を)社会を解体する要因だとみなす者がいてもである。フランス革命にさいして、ユダヤ人は他のフランス人と同じ権利を付与されていた。マルク・ブロック自身はアルザス出身の家系に生まれ、全面的に「同化され」、愛国的であり、宗教的感情も失い、個人の国民への統合こそが進歩と社会、文化的解放を意味すると確信していた。そして多くのフランスのユダヤ人同様、迫害を目のあたりにして、フランス人であると明確に態度表明をすべき、もう一つの理由を感じ取っていた。ユダヤ人を別のカテゴリーにしようとしたのはヴィシー政権であり、人種差別的な悪魔学なるものを作っていたのはナチズムである。したがってマルク・ブロックはじめ多くのユダヤ人の同僚や友人が、一九四一年末にヴィシー政権が創設した「フランス・ユダヤ人同盟」に抗議をし、そこに「法的レベルにおいてフランス人の資格を失効させる新しい段階」を見てとったのは、まったく当然のことであった。それは国民的一体性に打撃となる。ブロックがユダヤ人同士の連帯(フランス籍と外国籍の)ではなく、フランス人との間の連帯を強調したのは、やはり当然のことであった。五〇年後からするとやや衝撃的に見えるし、そのことに理由はあるとしてもである。さらに、一方ではヒトラーの政策ゆえに、他方ではヴィシー政権の政策ゆえに、ヴィシー政権が外国籍のユダヤ人を一斉検挙、また収容所送りとしたことは(マルク・ブロックは一九四一年四月二日付の手紙で、亡命ユダヤ人の立場は「必ずしも私たちと同じではない」と断言しているが、一斉検挙はこの手紙より後のことである)、続いてフランス籍のユダヤ人がたどる運命の序章であったとしてもである。敵の存在ゆえに、すべてのユダヤ人の間には、大義をともにする共同体とは言わなくとも、運命共同体があった。しかし敵は、フランスのユダヤ人を他のフランス人から切り離そうとしたのであり、しかも闘うと意を決したフランスのユダヤ人の反応は、ブロックのようなものであった。すなわちユダヤ人の闘いを組織化するのではなく、むしろさまざまなレジスタンスの運動に参加したのである。

フランスだけでなく、他所においても多くのユダヤ人は、今日ではこうした先人たちの態度を非難している。それがなぜかを理解するのは、たやすいことだろう。彼らは、連帯を表明している相手から、あまりに多くの場合に警戒心や敵意や残忍さをもって扱われたからである。彼らは毅然としてユダヤ人としてのアイデンティティを主張し、守ることをしてはいけなかったのだろうか。その貴重な「遺書」においてマルク・ブロックは自らをユダヤ人だと断言し、「何にもまして、ごく単純に、自分自身をフランス人であると感じてきました」と記しているが、そこでブロックはマイケル・マラスが書いているように、「時代遅れの愛国心と、歴史の神話のなかに居心地悪く位置する信念」を表明していたのではなかっただろうか。* この批判には力がある。しかし、やや非歴史的である。歴史の事実をみるならば、まず共和主義的公民精神の伝統においては、公の二重の忠誠はありえない。フランスへの忠誠が、他のすべての連帯に優るのである。次に日常の実践においては、市民社会のなかで偏見が残る団体や領域もあるとはいえ、共和主義の国家は人種差別主義に抵抗し、自らの原則を実践に移すことができた。さらにヴィシー政権下においては、ブロックがとった態度以外のものはみな、あらゆる反ユダヤ主義者の動きを利する結果となったであろう。最後にフランスへの愛国心こそが、レジスタンスにおいて意見の違いや宗教的、社会的、また政治的出自によって分裂していた人びとを、男女を問わず、一つにしたのである。いわばフランスへの愛国心こそが、マルク・ブロックの生と犠牲に意味を与えるのである。

＊　キャロル・フィンクによるきわめて有用で充実した伝記『マルク・ブロック——歴史のなかの生涯』

(Carole Fink, *Marc Bloch: A Life in History*, New York, Cambridge University Press, 1989; trad. française, La Manufacture, 1990〔河原温訳、平凡社、一九九四年〕)についての書評で、M・マラスはこうつけ加えている。「確かにそうなのだが、しかしそれにもかかわらず、偉大な碩学の、そして自らの理想のために生きそして命を落とした人物の、高貴で尊敬すべき参加《アンガジュマン》である」。

III

『奇妙な敗北』が差し出す鏡のなかに、あるいはその著者ブロックの人生が示す手本のなかに、今日のフランスは自らの姿を再び見出しているだろうか。

鏡に関しては幸いにもさほどではない、と答えることができる。確かにマルク・ブロックが告発したいくつかの点については、ドイツからの解放後に巨大な変化の波が到来したものの、それらを運び去ることのないままに過ぎ去ってしまった。ブロックが考えていた高等教育改革は、実際には行なわれていない。真の大学の再建は、中途で費えたのだ。独占状態を維持しているグランド・ゼコールも、また高級官僚団も、かつてないほど強力である。大学の図書館は相変わらず運が悪いままだ。中等「教育科目に関しては、きわめて柔軟な選択の自由」(「教育改革について」『カイエ・ポリティーク』に掲載)も実現していない。軍の「証人」による証言のなかで記された「官僚主義の現象」は、行政の特性として残っている。「政党機構」はといえば、以前と同じように「小さなカフェや薄暗い事務所のかび臭いにおい」を放っているのではないだろうか。

しかし今日のフランスは他の多くの点については、さしたるもめ事もなく、一九四〇年以前の過ちから教訓を引き出している。左右は今日でも存在するが、両派の間にはもはや重大な亀裂はなく、あまりに一致点が多すぎるとこぼす者もあるほどである。指導者階級と他の階級の間にしばしば緊張はあっても、一九三〇年代のような断絶はもうない。ブルジョワジーの構成も、労働界と同様に、根底から変化した。もはや体制は、議会が統治するような形でないのは確かである〔第三共和政下のフランスでは、行政府に比べて議会の力が圧倒的に強く、内閣が頻繁に交代するなど政治が不安定だった〕。情報の質は、ブロックが告発していたものよりもはるかに改善されている。小都市と「温和な葡萄畑」のフランスは生命を終えた。

何よりも、フランスの国際的な位置が変わった。フランスは大国としての地位は維持しきれないのであり、もはやこれにしがみついてはいない。よろめきがちだった第四共和政と自信過剰気味だった第五共和政は、刷新への努力を遂行し、重要な役割を結果として果たしえたのだが、それは中程度の大国としてであった。三つの大戦争で戦った敵〔ドイツ〕は、パートナーとなった。安全保障の問題については、フランス人は両大戦間期には分裂していたのだが、とりわけ過去数年来はそうした激しさは消滅した。軍事の装備や設備は、過去のものとは似ても似つかない。危機はもはや(攻撃に関するものであれ、防御に関するものであれ)何らかの教義から起きるのではなく、むしろ核兵器の有効性と使用をめぐる不確実性から生じる。核兵器はいまや「契約の箱」なのだ……。実際、大事業はもはや国防ではなく、ヨーロッパ統合である。

以上のことが、今日において共和主義的市民のモデルが少々再検討を要する理由である。一九八九年にフランス革命二〇〇周年が祝われたときの困惑、革命をめぐって多くの知識人が主張している修正主義。これらによっても再検討の必要は示されていた(体制が「真に万人の祭典であるようなものを国民に提供できたことは一度としてない」というのはもはや適切ではないとしても、「万人のもの」であった一九八九年の祭典は、「集合的熱狂の見事な噴出」というよりは、スペクタクルによって盛り上がったと言うべきだろう)。共和主義的市民のモデルが、三つの闘い——すなわち個人を隷従させてきた従属と位階制と偏見から個人を解放する闘い、反動的で教権的な右翼に対する共和主義的で世俗的な理想への闘い、不倶戴天の敵に対するフランス国民の国境での闘い——を前提とし続けるなら、またこのモデルが、あらゆる自主独立の傾向を矮小化し非合法のものにするジャコバン主義的中央集権と、自由主義とを結びつけようとし続けるなら、すべての者が共和主義で民主的だと名乗るフランス、カトリックと国家が平和に共存しているフランス、戦争の脅威が消え去っているフランス、諸団体や結社、すべての宗教、地方ごとの制度が成熟しているフランス、そのようなフランスが理想のなかに自らの姿を見出そうとしても、困難を伴うだろう。理想はこれからは、実践されるというよりも祝われるばかりである。

とはいえ、いかなる新しいモデルもまだ場を確保しているわけではない。今日かつての理想が引き合いに出されるのは、数多くのイスラム系の移民に、個人の同化かそれとも排除かの選択を求めるときである。こうした点を確認するのは、興味のないことではなかろうが、同時に安堵させることでもない（マルク・ブロックは自分のノートにボシュエ（一六二七―一七〇四。王権神授説を唱えた神学者。ルイ一四世の王太子の師傅も務めた）の引用を書きつけていた。「一体性の本義とは、排除することである」と）。移民にとってこれら二者の間の選択は、フランスにずっと以前からいて数もずっと少ないユダヤ人と比べても、はるかに難しいものである。これは一つのモデルへの統合を要求するさいの逆説《パラドクス》である。つまりこのモデルの妥当性は問い直されているし、しかも自身が主張するところからではなく拒絶し否定するところ、すなわちアメリカ流の多元主義《プリュラリスム》とされるものから*、このモデルは力を得ているのである。ブロックもブルムもドゴールも語っていないが、敗北の一つの要因としてヴィシーに先立つものがある。外国嫌い《グゼノフォビー》である。一九四〇年以前には、共和主義的市民のモデルを嫌悪する人びとの間に広まっていたものだが、今日では多くの者がご都合主義からこのモデルを「再びもち出している」。このモデルが内包する排除という潜在的可能性に気づいたからである。あるいは新しいモデルを創出するに必要な想像力をめぐらす努力をしなくてすむように、このモデルにしがみついているのである。新しいモデルは、新しい社会に、ヨーロッパのフランスに、そしてイスラム系移民との関係にからむ特殊な問題に、よりよく適合したものであるべきなのだが……。

＊　ここで「アメリカ流とされるもの」と言ったのは、アメリカ国民の「形態《フォルミュル》」は、きわめて複雑だからである。確かに出身の文化や集団に個別の利益が正当であると認め、それらを上回るような全体的利益の方が精神的に優越すると強要してはいない。しかし同時に、さまざまな集団や宗教や民族や文化に属する

個人を、アメリカ市民に変えていくとも主張している。アメリカの場合もフランスの場合も、市民のモデルはイデオロギー的、文化的な内容を含みもっているのである。

表面的には私たちは、奇妙な敗北からもレジスタンスからも遠い時代にある(レジスタンスに関しては今日では、飛躍や偉業よりも分裂をめぐる分析が進んでおり、マルク・ブロックが敗北についてしたためたような、批判的綜合がつねに待たれている)。もしもフランスの政治社会状況が、もはや「疑惑の時代」や悲劇の時代でないとしても、さほど遠くない過去については疑うこと、脱神話化すること、あるいは(正しいものも含め)紋切り型を問い直すことが必要である。もしそうしたことで、より多くの真実を手にできるなら、それは嘆くことではあるまい。マルク・ブロックは自らの墓石の上で、そうした真実への愛を言明したかったのだ。しかし明らかにされることが、どのようなたぐいのものであろうと、またいかに必要とされていようとも、そして現代フランスがいかに変容しようとも、次の二つの重要な真実が忘れられてはならない。

一つは、結局のところ犠牲となったマルク・ブロックのような人びとは男女を問わず、同じ理想につき動かされていたのだが、多くの場合もう一つ別の信念、すなわちキリスト教あるいは共産主義への信仰に動かされてもいたのであり、こうした人びとの犠牲の上にフランスは復興し、次いで変わり、自らの過去について自由に問いただすことができるようになったことである。

二つめはブロックのような例である。つまり同世代の者たちと共有していると言っていた「後ろめたい気持ち」を行動によって乗り越え、歴史家としての才と自らの特性を自由と真実のために用い、たとえば一九八〇年代のポーランドのような、*他の勇敢な反乱を鼓吹したような人間の例である。今度は東ヨーロッパが、外部と内部双方からの抑圧から自らを解放しつつある今日において、またその解放のために多くの知識人が寄与している今日において、フランスの愛国者マルク・ブロックは、共和主義的市民がそうありたいと願ったように、普遍的な象徴となっているのである。

＊　キャロル・フィンクは、中世史家ブラニスラウ・ジェレメクは「連帯」の指導者の一人であったが、同時にブロックの熱烈な信奉者であったと記している。

スタンレー・ホフマン

序　文(初版)

この「証言」が一九四〇年七月、フランスが敗戦という衝撃に襲われていたときに構想、執筆され、私たちのために保存されたのは驚くべきことである。

当時は、人も物も恐ろしく混乱したなかで、すべてが崩壊していった。自由の国であり人権の国、そして崇高な精神、さらにはかぐわしい生の国が、ヴィシー政府によって、野蛮なトーテムやあさはかなタブーに敬意を払う愚民のような姿をみせていた。また聖職者は多くがわれ先にと隷従に走っていった。そのようなときに、レジスタンス運動に四年間を費やした後に倒れた偉大なる証人が、最も奇妙な敗北の秘密を明らかにし、これほど明晰な分析をしたのは、やはり素晴らしいことである。

今日までのフランスでは、一九四〇年については物語であれ説明であれ調査であれ、これほど明快な思想とこれほど明瞭な構図のもとに描かれたものはなかったと、躊躇なく言うことができる。殉教した偉大なる一市民は、夜明けが来るのを決して疑わないままに世を去ったのだが、その死後の声は、フランスを闇夜に陥れた病について、他の多くの書物よりも雄弁に、また正しく語っていると、はっきりと断言できる。

マルク・ブロックはこの本を「怒りに燃えて」書いたと言っている。それは黙従しない崇高なる精神の怒り、拒絶する知性の怒りであり、また知りぬいている証人の怒りである。しかしフランスの崩壊の真っ只中に身を投じたこの闘士、フランスの歴史の最悪の時を生き、耐え忍ばなければならなかったこの歴史家は、嫌悪感や激昂する気持ちをもちながらも、自らの思想と文体に、冷静さと冷酷なほどの見識の高さを与えることができた。『奇妙な敗北』にみられる品位、抑揚、語調は、現実の慌しい表面や、押し寄せ混乱させる事実から脱しようとする試論のそれである。息づまらせる波がまともに襲いかかるなか、核心的な現場で書かれたものでありながら、この書物は自ら歴史に距離を置こうとしていると言えるだろう。

それだけでもう十分だろう。しかし一九四〇年の敗北をめぐる生彩ある正確な記述、という以上のものがここにはある。証言全体において、とりわけ第二章では、偉大なるフランスの一知識人が世界と軍の仲間に情け容赦のない検討を加えているわけだが、その本人による意識の検証と心揺さぶる告白が連ねられているのである。したがってテクストは他者と自己に関する熱をこめた瞑想という調子をおびている。軍人、政治家、官吏、教師、労働者、農民など、国民の社会部門はいずれも証人の観察を免れることなく、ヴォーヴナルグ〔一七一五―一七四七。モラリスト。性善説にたち、美徳の社会的な意義を重視した〕というにふさわしく簡潔に記されている。そう、この物語には、箴言のような言い回し、簡潔な筆致がみられる。ブロックがいかに混乱、恐怖、野心、勇気を説明しているか、また自ら特権階級のブルジョワジーに属しながら、フランスの一般民衆の間に自由、人間性、そして尊厳が絶えず脈々とあることを、いかに平静なる大胆さで進んで見出そうとしたか、みてほしい。マルク・ブロックは一九一四年と一九三九年の二度の大戦に参加し、両者をしばしば比較している。勇気については、次のように書いている。「一九一四―一九一八年の戦争にさいして私は、ノール県やパ＝ド＝カレ県の炭鉱労働者ほど優れた戦士には出会わなかった。ただ、たった一人だけ例外があった。私は長い間そのことに驚きの念をもっていたのだが、ある日偶然に、この臆病者は「黄色組合」の労働者であることがわかった。つまり未組織労働者で、罷業破りのために雇われている者である。いかなる政治的な決意もここでは問題にならない。単に、階級の連帯の感情とは、すなわち目前の利己的な利害を越える可能性だが、平和時においてこれが欠如しているところでは、戦時においても同じ欠点が露呈される。ヴェルダンとソンムの歩兵は、兵卒も大半の将校も予備役からなる軍隊だった」（一五八―一五九頁）。

　自分で見聞きしたこと、という形式で、マルク・ブロック大尉は「奇妙な戦争《ドロール・ド・ゲール》」〔一九三九年九月の宣戦布告から翌年五月まで実質的な戦闘のなかったことをいう〕の間、フランスの上級司令部について多くの人物描写をした。それぞれが最も冷酷な現実に当てはまるものであったのは、すでにあまりに有名だろう。しかし批判はつねに現在と未来についての洞察、あるいは方法や戦術についての所見をともなっており、ブロックはモラリスト、歴史家として驚くべき自在さで見抜き予見している。説明、警告、自信に満ちた復活への予言。自由が回復された今日、一九四〇年に「奇妙な敗北」について書かれたこの証言には、ある種至高の美しさがある。変転する現実のなかで後世に向けて書かれたテクストがもつ、壮大さである。たとえば一九四〇年七月に書かれた次の文章が、一九四六年のフランスの改革者たちに黄金律として役立つかどうか、みてほしい。「いかなる性質の政府であろうと、権力機関が公共制度の精神に敵対しているとき、国は被害をこうむる。君主制には、君主制に見合った人材が必要である。高級官僚は民主主義を軽蔑するよう教育されており、その出身階級は財産の面から必然的に、民主主義が打ち倒そうとしている階級である。もし高級官僚がいやいや奉仕しているだけなら、民主主義は公共の利益に対する最大の悪のために、大いに弱体化するだろう」(二二二頁)。

マルク・ブロックの全体像と、フランス・ユマニストの偉大な精神は、次の文章にみることができよう。「私が出会ったなかで何人の経営者が、たとえば連帯のストが、かりにほとんど理性的ではないとしても、崇高なものだと理解していただろうか。「自分の給料を守るためだけにストに参加するなら、まだよいのだが」と彼らは言っていたものだ。フランスの歴史を決して理解できないだろうフランス人には、二種類ある。まず、ランスの聖別式の追憶に感動しない者。そして連盟祭の物語を感動もなしに読む者である」(二二八―二二九頁)。

マルク・ブロックの証言の最後の節は、「私は後ろめたい気持ちをもつ世代に属している……」(二三三頁)という、音楽で言えば「ラルゴ」のようにゆっくりとした調子で始まっている。精神にまつわる事柄に意識的なフランス人なら誰でも、まったき人間的尊厳を前にしているのだという感動を覚えることなく、この部分を読むことなどできないだろう。しかもこの純粋さは、抵抗運動家マルク・ブロックが急逝した場合のために、家族に最後の意志を伝えた簡潔な文章にも見ることができるだろう。彼はすでに一九四〇年、闘いを再開することになるのを予見していた。もう一つの闘い、あるいは冒険、すなわち占領されたフランスにおける市民のレジスタンスという冒険である。「次のことは率直に言っておきたい。いずれにしても、私たちはまだ血を流すべきだと思う。たとえそれが大切な人たちのものだとしてもである(家族のことを言っているのではない。私は家族にはそれほどの価値を置いてはいない)。なぜなら犠牲のないところに救済はないのであり、全面的な国民の自由も、自らそれを勝ち取ろうと努力しなければならないからだ」(二三八頁)。

マルク・ブロックは正しかったし、次のように結論するのも正しかった。「最後の成功がいかなるものであろうとも、一九四〇年の大災厄の影は消え去ろうとはすまい」(二三八頁)。

ブロックの証言は、この影を透視するものだ。

知識人の世界、大学人のフランス、そしてフランスの知性にとってブロックとともに失われたものは、あまりに明らかである。

『王の奇跡』『フランス農村史の基本性格』『封建社会』といったマルク・ブロックの著作は、それぞれが一つの発見であり、過去に対する近代科学の独自の征服を画するものであった。ブロックの同僚、学生、各国の歴史家、広範なエリート大衆には、マルク・ブロック教授は最も好奇心が強い、フランスが誇りうる最も斬新な歴史家の一人であったことがよく知られている。イギリスのブローガン教授は「私は覚えている」と次のように述べている。「マルク・ブロックの訃報がケンブリッジの私たちのもとに届いた日のことは、よく覚えている。同時に彼が脱走したという噂があって、どれほど熱っぽく受け取られたことか。残念ながらそれは誤報だったのだが。彼の死が確実だと知ったとき、学界全体にとってそれはどれほどの衝撃だったことか！」まさに彼こそ偉大な人物であった。その生ける業績は不朽の位置を占める。何世代にもわたって学生も研究者も学者も、たえずそこに何かを汲み出しにくるだろう。

……ブロックが私たちとともにリヨンでレジスタンスに参加したとき、私は彼のことをすでに知っていた。しかし、一人の人間が、自分の精神や知性に対するのと同じやり方を、自分の生に対しても引き受けることができるというのは、知らなかった。

……いとしいマルク・ブロック。いとしいレジスタンスのナルボンヌ……。この証言の冒頭で、ブロックは自らのユダヤ人の身分について語り、そのことによる「誇りも恥の気持ちも」ないとして、こう述べている。「今日、私をフランスから追放しようとする者がいるとしよう。私はその結果、いずれ追われるかもしれない(そんなことが誰にわかるだろうか)。だが何が起きようと、フランスは私の祖国でありつづけるだろうし、私の心がフランスから離れることはないだろう。私はフランスに生まれ、フランス文化の泉から多くを享受した。フランスの過去を自分の過去とし、フランスの空の下でなければ安らげない。だから今度は私がフランスを守る番だと、最善を尽くしたのだ」(四二頁)。

彼らはブロックを祖国の土地から、そして精神からも戦闘からも追放することができなかった。その命から「排除する」ことができただけだった……。ブロックはあらかじめ自らの血を提供していた。それなのに……。

彼が殴られ、拷問にかけられたと聞くだけで、たくさんだった。あのほっそりして、自然な品位を備えたからだが、そしてあれほど繊細で節度があって、誇り高い知識人が、浴槽の氷のような水に突っ込まれ、震えながら息をつまらせ、頬を打たれ鞭打たれ、暴行されたと知らされるのは、たくさんだった。

私たちはこのような姿には耐えられなかった。いや、私たちには無理だった。けだもののようなナチの手にゆだねられたマルク・ブロック。フランスの尊厳と、洗練された奥深い人間性《ヒューマニズム》をかくも完全に体現する見本のような人。餌食となって最もあさましい手に渡ってしまったこの精神……。ブロック逮捕の報を聞いたとき、私たちの何人かはリヨンにいた。彼の友人や地下活動の仲間たちである。誰かが即座に言った。「やつらは拷問したんだ」。拘禁されていた一人が、ゲシュタポの部署で口から血を流しているブロックを目にしていたのだ(おぞましい事態に捕らえられる前、街角で私に投げかけてくれた茶目っ気たっぷりの最後の微笑に代わったのが、この血の跡だったわけだ！)。「ブロックは血を流していた」という言葉に、私たちみなの目から怒りの涙があふれでたのを、私は忘れない。何事にも動じない者すら、落胆して頭をたれた。あまりに不正であるときは、誰でもそうするのではないだろうか。

私たちは何カ月も待ったし、望みもかけていた。収容所に送られたのだろうか。まだリヨンのモンリュック刑務所にいるのだろうか。それとも他の街に移されたのだろうか。何もわからなかった。そしてある日、こう告げられたのだ。「もう駄目だ。一九四四年六月一六日、トレヴーで銃殺された。服装と書類で彼だとわかったんだ」。ブロックは他の何人かと並んで殺された。彼はこの仲間たちを励ましていたという。

なぜならブロックがどのように死んだのか、今は知られているからだ。彼のかたわらで、一六歳の少年が震えていた。「痛いだろうな」。マルク・ブロックはやさしく少年の腕をとって、ひとこと言った。「とんでもない。痛くなんかないよ」。そして「フランス万歳！」と叫びながら、最初に倒れた。

この最後の言葉の、気高いと同時におなじみの調子のなかに、そしてこの古風な簡潔さのなかには、一つの生命が穏やかに一貫性を保っていたことの、感嘆すべき証があると私にはみえる。つまりブロックの生命において、歴史的過去についての斬新で力強い発見は、人間の永遠の価値に対する信念をもっぱら支えるものだったのであり、その実践的な信念のためには、彼は死をも辞さなかったのだ。

私の目には、地下闘争の若い仲間モーリスが二〇歳の顔を喜びで赤く染めて、私に「新規加入者」を紹介したあの素敵ないっときが、今でも浮かんでくる。それは五〇歳の叙勲された紳士で、端正な顔立ちに銀鼠色の髪、眼鏡の奥には鋭い視線をたたえ、片手には書類入れを、もう一方には杖をもっていた。やや形式ばった時が過ぎると、間もなくこの訪問者は微笑みながら私に手を差し出し、やさしく言った。

「そう、私がモーリス君の「若駒」です……」。

こうして笑みをたたえて、マルク・ブロック教授はレジスタンスに入った。そして私が最後に別れたときも、この同じ笑みをたたえていた。

息づまるような追われる生活、必然のこととしての放浪生活のなかで、私は「敬愛する先生《シェール・メートル》」がもたらした方法や秩序への心配りに、すぐに敬服した(この「敬愛する先生」という大学風《アカデミック》の呼び方に、彼も私たちもみな笑ったものだった。過去の遺物のようだったからだ。それは実際にあった過去なのだが、すでにあまりに昔のことで、また当時の私たちの関心からするとあまりに非現実のことだった。自動拳銃の間におかれたシルクハットのようなものだったのだ)。「敬愛する先生」は、まずは熱心に非合法活動や蜂起の初歩を学んでいた。すると間もなくこのソルボンヌの教授は、都市における地下抵抗運動という「のら犬」のような消耗させる生活を、驚くべき冷静さをもって私たちとともにしたのである。

ブロックは危険を好んでおり、ボシュエの言を借りて「肉体を制する戦士の魂、その魂が鼓舞する肉体」をもっていたと言っても、彼の意に反することはないだろう。彼は休戦とペタンを拒絶し、運命に与えられたもち場で戦争を続けた。しかし私たちの地下活動の喧騒、待ち合わせ、会合、外出、不注意、危険、そうしたことに関して彼は正確さ、厳密さ、論理といった感覚をもちこんだ。そのために彼の冷静なる勇気には、ある種奇妙な魅力が加わり、私としては大いに魅了された。

「さあ、さあ、調子に乗りすぎてはいけないだろう。問題を限定しなければ……」。問題というのは、「レジスタンス統一運動」(MUR)〔一九四三年一月にコンバ、フラン・ティルール、リベラシオンという三つの抵抗組織を統合したもの〕の地方幹部から命令を受けるのか、武器輸送を組織化するのか、ビラを地下出版するのか、予定行動開始日に向けて秘密本部を設置するのか、などであった。

ある街角で一緒に秘密の待ち合わせに臨んだとき、私がみたマルク・ブロックは寒そうに外套の襟を立て、杖を手に、羊の皮の上着や厚手のセーターを着込んだ若者たちと謎のような、そして危険な紙片をやり取りしていた。そのあまりに落ち着いた態度は、教授資格試験を受ける学生たちに答案用紙を渡すときとまったく同じだっただろう。この時代を体験した人でなければ、誰もフランスにおける非合法の市民的レジスタンスの熱狂的な側面は想像できないだろうと、その当時私は思っていたし、今でもその気持ちに変わりはない。

ゲシュタポや民兵団やペタンの警察は猛威を振るった。一日ごとに「同士が一人やられる」と私たちは言っていたものだ。ほんの数分前に一緒にいた者が、深淵に吸い込まれるように消えてしまう。すると別の者たちがたえず代わりに現れた。何と時間が長く感じられたことか！　希望は何と頻繁に打ちのめされたことか！　勝利は、そして悪夢の終わりは何と遠くに見えたことか！　それでもマキ〔コルシカ島や地中海沿岸の灌木地帯・密林を意味する言葉で、第二次大戦中の対独・対ヴィシーの抵抗運動と同義。もと「マキに入る」とは、コルシカ島で権力や復讐から逃れようとする者が森に身を隠したことを意味した」は闘い、秘密の印刷機は輪転し、レジスタンスに燃える大きな低い声はいたるところで聞かれた。家宅捜索、逮捕、街頭での射撃、拷問、銃殺……。ときには私たちは、無関心やあきらめ——そしておそるべき共謀関係のただ中で、何と孤独を感じたことだろうか。

まもなくレジスタンス運動すべての間に、マルク・ブロックの名は知れわたった。知られすぎた。あまりに多くの人に会いすぎたし、会いたがったからだ。彼は仕事においては自分で取り組むのが最良であるという観念を、もち続けていた。それは合法的な大学時代の生活から引き継いだものだった。それでできるだけのことを自分でやりたがったのだ。組織化ということに夢中になり、この地下の巨大な行政の絡み合った機関を整理することに関心を奪われたのも、必然だっただろう。レジスタンス統一戦線はこの地下行政網を通して、マキ、「フラン・ティルール」の諸グループ、宣伝活動、新聞、サボタージュ、占領軍への襲撃、収容所送りを阻止する闘争などの指令を出していた。ブロックは、職業的という意味においてではないが、戦士の魂をもっており、しばしばふざけて言っていたものだ。「私は一九一四年の戦争でまったく昇進できなかった。私がフランス軍のなかで最古参の大尉だとご存じか」。

私たち誰もがそうだったが、ブロックも本名を使うわけにはいかず、二つ、三つ、あるいは四つの変名をもった。たとえば一つは偽造の身分証に、もう一つは同士の間で、別の一つは通信用に、といった具合である。なぜ彼は最初、アルパジョンなどという突飛な名前を使いたがったのだろうか。その名前を使うことで、パリの南の郊外にある小都市と、かつてはパリの中央市場から、彼のなじみの学校街であるカルチエ・ラタンを通って、息せき切って走っていた趣ある蒸気機関車を思い出しては、楽しんでいたようだ。アルパジョンという名が、仲間内で言っていたように「焼かれて」しまうと、「同じ路線にとどまる」ということでシュヴルーズと名乗った。シュヴルーズが焼かれると、今度はイル・ド・フランスを「離れる」ほうが賢明だと私たちは考えた。そして彼は南仏の都市名ナルボンヌを名乗ったのだ……。

まもなくリヨンの「レジスタンス統一戦線」地方理事会で「フラン・ティルール」の代表となったのはナルボンヌだった。「コンバ」や「リベラシオン」の代表と、リヨンでのレジスタンスを指揮しなければならなかったのも、ナルボンヌである。あの悲劇的な大量検挙で刑場に連れ去られるまでは……。

レジスタンスにとっては彼はナルボンヌだったが、下宿の主人にはブランシャール氏だった。たとえばレジスタンス研究全国委員会(CGE)の会合のためにパリに秘密旅行をしたのも、この名前を使ってのことだった。彼はほとんどスポーツをするかのような軽快さで、この危険と非合法の生活を受け入れていた。しかも若さと体の健康はきちんと保っていた。クロワ・ルッスの裏通りにあるリヨンの下宿に帰るとき、走って路面電車に乗り込むのを見て私は感嘆したものだ。その場しのぎのこの下宿も、おもな家具といっても「台所用ストーヴ」だけだったが、それは定期的に大量の書類を燃やす役目を果たしていた。

私はキュイールにある、この静かで田舎風のオランジュリー街に、しばしば彼を訪ねていった。二人の間では、私は上にあがらずに、戸外でベートーヴェンかヴァーグナーの一節を口笛で吹くと、彼が降りてくる、というように決めてあった。だいたいは『ヴァルキューレの騎行』の最初の節だった。彼は楽しそうににこにこして降りてくると、必ず私に言ったものだ。

「悪くないね、シャボ君。でもいつも少し調子はずれだよ。わかってるだろう」。

何かを生み出す沈黙と、本がぎっしり詰まった書斎で学究の喜びのために生まれてきたこの人物が、通りから通りを走りぬけ、私たちとリヨンの屋根裏部屋でレジスタンスの秘密通信を読み解いていたことを、想像してほしい……。

そうしてあの破局が訪れた。一年間の労苦の後に、ゲシュタポは「レジスタンス統一戦線」の理事会の一部に手をかけた。マルク・ブロックも逮捕され、拷問され、投獄された。そしてすでに述べたように、みごとな最期を迎えたのだ……。

一九四四年六月一六日、リヨン近くのサン＝ディディエ＝シュル＝フォルマンで、二七人の遺体が発見された。数名の友人が、司法警察から写真を入手することができ、みなで不安げにのぞきこんだ。一〇日間の無精ひげにおおわれた老人の顔、洋服の切れ端、M・Bという頭文字、モーリス・ブランシャールという仮名の偽造書類。それはマルク・ブロックだった。

「もし命拾いをしたら、また講義を始めるよ」。彼はしばしば私たちにこう言っていた。

彼は自分の仕事を情熱的に愛していた。壮大な教育改革を夢見ていて、その大枠はレジスタンス研究全国委員会の秘密機関紙『カイエ・ポリティーク』に発表されていた。家族を愛し、けなげでやさしい妻を愛していた。妻は彼がモンリュック監獄にいる間に突然亡くなった。そしてアリス、エティエンヌ、ルイ、ダニエル、ジャン゠ポール、シュザンヌの六人の子どもたちも……。

私は精神、心情、振る舞いに、これほど自然の品位が備わっている人に、めったに出会ったことがない。彼は進んですべてを人間の尺度に、そして精神の価値へと引きもどそうとした。警報、追跡、あわただしい出発、地下生活の検挙の間に、彼が必要としていたのは、よく言われるように逃亡することではなく、人生の真の領域、つまり思想と芸術の場に帰ることだったのである。

私はある夜にクロワ・ルッスに出ていた月明かりを思い出す。マルク・ブロックを送って、彼の遠い隠れ家に帰っていくところだった。その夜はとても軽やかに感じられ、私たちを取りまく重苦しいドラマがとても遠いことのようだった。それでマルク・ブロックはうれしそうに、音楽や詩について語った。危険や恐怖を忘れるためにではない。精神の優れた訓練、踏みにじられ追放され、一時は姿を消した穏やかな美を、少しは想起しようとしてのことだった。それらこそが人間の存在理由なのであり、それらのために、マルク・ブロックは闘っていたのだ。

地下活動に奔走中、彼はいつも本を手にしていた。読むためでもあり、また秘密の待ち合わせを記すためでもあった。それは不思議な暗号で書かれていたのだが、彼独自の体系であり、自慢していたものだ。ただし時間を無駄にしないように、著者はしっかりと選んでいた。

彼が手にしているのを見た最後の本は、ロンサール……、そして中世フランスの韻文による笑話《ファブリオ》の選集だった。

ジョルジュ・アルトマン(シャボ)

第一章　証人の紹介

ここに書き綴っているものは、出版されることがあるだろうか。私にはわからない。いずれにせよ、長い間これは知られぬままになったり、私の直接の仲間たち以外のところに埋もれてしまう可能性は高い。それでも私は書こうと決心した。それは骨の折れる仕事になるだろう。疲労に、あるいはやめよという内からの声にかぶとを脱いだ方が、どれほど楽なことだろう！　しかし証言というものは、それがまだ新鮮なうちに書きとめられてこそ価値があるはずであり、私にはそうした証言にまったく意味がないとはどうしても思えない。これまでに多くの収穫に恵まれてきたフランスの古い揺るぎない大地の上に、思想の自由や判断の自由が取りもどされる日は、早晩くるだろう。私はそれにしっかりした希望をもっている。そのときには隠されていた文書も公にされるだろう。フランスの歴史のなかで最もむごい崩壊をめぐっては、無知や欺瞞の靄《もや》がすでに積み重ねられつつあるが、そうした靄も少しずつ晴れていくだろう。そして、その靄を突き破ろうとする歴史家たちが、もしこの一九四〇年の調書《プロセ・ヴェルバル》を手にすることがあるならば、何か得るところがあるのではないだろうか。

ここに私の個人的な思い出を書こうとしているのではない。多くの兵士のなかの一人としておかしたあれやこれやの冒険は、いまはあまり重要ではない。美しさだの気分だののくすぐったい気持ちを求めることなどより、もっと気にかかることがある。しかし証人には、その人が何者かを証明するものが必要である。私が見たことを記す前に、いかなる目で私がそれを見たのかを述べておくべきだと思う。

歴史を書き、教えること。これが間もなく三四年になろうとする、私の職業である。そのため異なる時代の多くの史料に目を通し、できる限り真偽を見分けようとしてきた。眺め、観察する、ということも多くしてきた。というのは私の師であるアンリ・ピレンヌが言っていたように、歴史家の第一の課題とは、「生に」関心をもつことだとつねづね考えていたからである。研究においては農村のことどもに特別の注意を払ってきたのだが、そのなかで、現在について考えることなくして過去を理解するのは不可能である、と確信するようになった。農村を研究する歴史家にとって、耕地の形態を熟視するよい目は、古文書を読み解くある種の能力と同じく不可欠のものである。私の習慣として、批判しながら観察してきたし、また願わくば誠実であるのも習慣だったと思いたいが、そうした習いにそって、私はこの悲劇的事件の研究をしたつもりである。私自身はこの事件においてたいした役回りはしていないのだが。

私が選んだ職業は、一般には冒険的要素は少ないとみなされている。しかし、二一年の間隔をおいて二度にわたってこの平穏な道から投げ出される、というのが私の運命だった。この点においては、私の世代の大半の者が同じ運命をたどったわけだ。しかもこうした運命ゆえに、武装した国民の多様な側面について、かなり例外的と言えるほどの広い経験をすることができたと思う。私は二つの戦争を戦った。最初の戦争には、一九一四年の八月に歩兵軍曹として参戦した。これは群なす大軍団のなかでは、結果的には一兵卒として始めたようなものだった。私は続けて小隊長になり、最後は大尉となって、連隊参謀部付の情報将校として、兵団長副官の任務についた。二つ目の今回の戦争には、以前とは正反対の場で大半のときを過ごした。というのは軍参謀部で、総司令部(GQG)としばしば接触する場にいたからである。こうして軍制や人的環境を切り分けてみると、その断面は多彩であったことがわかる。

私はユダヤ人である。宗教のせいではない。私はユダヤ教のみならず、いかなる宗教も実践していないのだが、少なくとも私は生まれからユダヤ人なのだ。だからといって私には誇りも恥の気持ちもない。人種的素質というのは、一つの神話である。しかもユダヤ人の場合のように、現実には信者の集団にすぎないようなものに、純粋な人種という概念が適用されることがあるが、その集団とは地中海世界やトルコ・ハザル世界やスラヴ世界からの寄せ集めなのであり、純粋な人種という概念そのものが荒唐無稽なのは明らかだろう。私はこういう点を無視しない程度には、よい歴史家でありたいと思う。私は唯一、反ユダヤ主義者を前にしたとき以外は、自分の出身を主張することは決してない。しかし私の証言に対抗しようとする人びとは、おそらくは私を「よそ者《メテック》」扱いして証言が成り立たなくなるようにするだろう。私はそういう人たちには次のようにのみ答えたい。私の曾祖父は一七九三年に兵士だった。* 私の父は一八七〇年にプロイセン軍に包囲されたストラスブールで兵役についていた。そして父はアルザス州がドイツ第二帝国に併合されると、私の二人の伯父とともに自ら故郷アルザスを離れた。私はそうした愛国的な伝統がみなぎるなかで育てられたが、いつの時代もそうした伝統を最も熱心に守っているのは、アルザスを脱出したユダヤ人である。今日、私をフランスから追放しようとする者がいるとしよう。私はその結果、いずれ追われるかもしれない(そんなことが誰にわかるだろうか)。だが何が起きようと、フランスは私の祖国でありつづけるだろうし、私の心がフランスから離れることはないだろう。私はフランスに生まれ、フランス文化の泉から多くを享受した。フランスの過去を自分の過去とし、フランスの空の下でなければ安らげない。だから今度は私がフランスを守る番だと、最善を尽くしたのだ。

〔訳注〕 一九九〇年版の注には、マルク・ブロックの曾祖父ゲッチョル・ブロックが、ドイツのマインツから両親に宛てて書いたイディッシュ語(東欧のヘブライ語)の手紙のフランス語訳が掲載されている。手紙は一七九三年六月の日付で、一九四一年一〇月一三日にセーヌ県裁判所の公認翻訳官N・ツァツキンがフランス語に翻訳したもの。原本は保存状態が悪く、判読不可能な箇所があったという翻訳者の断りが付してある。以下にその要約を掲載しておく。

「私が健康であることを、お伝えしようと筆を執りました。お二人が元気であれば、神もお喜びくださるでしょう。……私たちは最初の義勇兵でした。ドイツ人は私たちに砲撃を開始したのですが、恐ろしさにどれほど震えたことでしょう……。味方は一万人(?)が犠牲になりました。私が災厄を免れることができたのは、お二人の善行と、祖先の善行のおかげだと思っています。敵はマインツの高地を猛然と攻撃しており、お二人に再びお目にかかるなど、望むべくもありませんでした。神が私たちをよい方向にお導きくださったのです。神の名が讃えられんことを。神がつねにユダヤ人をあらゆる災難からお守りくださらんことを。

もしも神が願いを聞き入れてくださり、私たちが再び帰郷できるのであれば、手ぶらで帰ることはありません。お金がなくても、いつもしらみだけはいるからです。それでも神のおかげで、私はお金は必要ないのです。

家に帰ったときに、すべて細かいことまでお話ししましょう。間もなくまたお便りいたします。そのときまで、どうぞご心配くださいませんように。

もし神がお望みなら、遠くないうちに、お返事がいただけるよう祈っています。……

ゲッチョル　ヴォルフ・ブロックの息子より

兄弟のアブラム、アロン、ヘルツエレ、フォゲルによろしくお伝えください。みなも私に手紙を書くように。義兄のメイエール・ヘルシュと姉のギーテル夫人にもよろしくとお伝えください。神の思し召しで二人の日々が長からんことを。また友人たちみなにもよろしくとお伝えください」。

爆撃されたマロ＝レ＝バンで、一人の青年将校が私と戸口で雑談をしているおりにこう言った。「この戦争では多くのことを学びました。職業軍人でありながら決して戦士にはならない者がいる一方で、反対に市民でありながら本質的に戦士である人たちがいるということです」。そして彼はこうつけ加えた。「正直に言いますが、五月一〇日より前にはこのことに気づきませんでした。あなたはまさに戦士です」。こうした言いようは、馬鹿正直に見えるかもしれない。しかし私はこれがまったく誤りだとは思わない。一般的に適用した場合を考えても、個人的に経験したことを率直に考えてみてもである。参謀部第四部の私の仲間だったある軍医は、老教授の私が「だれよりも軍人的精神をもっている」と言って、やさしくひやかしてくれたものだった。それは想像するに、私が指揮において秩序がとれているのを好んでいたことを、直接的に表現したものだったのだろう。私は一つ目の戦争で、四つの表彰を受けていた。思いがけないドイツ軍のレンヌ入城で第一軍の提案が突然に中止されたりしなければ、戦争のあとに私は軍服にもう一つ綬をつけて帰れただろう。この考えもあながち間違ってはいないと思っている。* 一九一五年、病気が回復すると順番が来る前に、私は義勇兵として前線にもどった。一九三九年には、私は高齢で子どもも六人いたので、ずいぶん前から軍服を着なくてよい権利があったのだが、そのまま現役に残った。こうした事実や証言を、うぬぼれで述べ立てているのではない。私は軍務にいた結果、あまりに多くの勇敢で謙虚な人びとが、はるかに困難な条件のもとでも、私などよりはるかにうまく、淡々と義務を果たしていくのを目にしている。このようなやや粗雑で率直な物言いに、それは先入観のせいだと言いたい読者もいるかもしれない。その場合には、この観察者は無気力な甘えの敵であり、いやいや志願したのではないし、上官や仲間からはさほど悪くない兵士だと判断されていた、ということを心にとめておいてほしいと思う。

＊　表彰は軍団あてに届けられた。（一九四二年七月）

それでは次に、今回の戦争において私にできたこと、したがって見ることができたものの、正確な収支決算を記すことにしよう。

すでに述べたように、私は二つの大戦の間、いかなる兵役義務も免除されるような法制上の規定も利用するのをつねに控えてきた。しかし一九一九年以降、参謀部付きに登録されたのだが、いわゆる「再教育」課程は、どのようなものも受けずにきていた。原則においては私に非があったことを認めよう。言い訳をするなら、ちょうどその時期は、私が歴史家としての基本的な業績を何とか作り上げる、そういう人生の時期にぶつかっており、ほとんど自由になる時間というものがなかった。それに対する慰めを、私は戦場の経験そのものに見出した。というのは、私は陸軍大学の再教育を今述べたように受けなかったのだが、そうした教育は、ほとんど私に正しい考えを与えはしなかっただろうと思われるのだ。この時代の軍隊は、何をおいてもよき生徒というものを評価していたので、私がさぼって頑固に学校に行かないことを、そのままに済ますことはなかった。軍は私を二重に罰しさえした。私は一九一八年の除隊のときに大尉だったが、一九三八年に最初に動員されたときもまだ大尉だった。一九三九年八月には、私の働きぶりを見た上官が進級の意見書に署名もしていたのだが、やはり大尉だった。一九四〇年七月一一日に軍服を脱いだときにも、まだ大尉だったのだ。これが最初の罰だった。もっとも私は恨みも悲しみもしなかったのだが、二つ目の罰は動員のときの配属にさいして襲ってきた。

はじめ私は書類上、軍団第二部に所属するはずだった。第二部は情報を担当するので、正直言って歴史家にはさほど悪い仕事にはみえなかった。次いで師団歩兵本部という、もう少しささやかなポストに移された。しかし間もなく私は戦場の隊をはずされて、あまり名誉でない管区の勤務へとおとされていった。この場合には師団分管区本部である。実を言うとこの部隊は、本拠がストラスブールにあった。ストラスブールは当時、ドイツ軍の爆撃を真っ先に受けるだろうと考えられていたところであり、そうした位置にあるポストを避けるのは、何か品性に欠けると思われた。この気持ちは、私の生来の不精ゆえにより強くなった。もともと自分のこととなると不精に流されるのだが、このときも、よりよいポストを見つけるべく何らかの手段に訴えるということはしなかったのだ。ある友人が開戦の直前に総司令部の第二部に私を入れようと計らってくれたのも、ぎりぎりのところで間に合わなかった。こうして私は二度の簡単な研修期間を終えて、ストラスブールの師団分管区本部へと入隊した。最初の召集は一九三八年九月のミュンヘンの不穏な雲行き〔独伊英仏の会談でチェコスロバキアのズデーテン地方のドイツへの割譲を認めた〕のとき、ついで二度目の召集は翌年三月だったが、ほんの数時間だけだった(この召集のとき私はケンブリッジにいて、あわてて帰らなければならなかった)。そして最後はこの同じ一九三九年という運命の年の八月二四日であった。

結局のところ、私はこの配属をさして悔やんではいなかった。師団分管区本部の仕事自体はかなり気が滅入った。しかしいざ開戦すると、そこは格好の観察場であった。少なくとも最初の二―三週間はそうだった。いわゆる動員も、大半はわれわれの監督下に行なわれた。この後、国内における同種の本部では何が起きただろうか。最初の熱気が一度さめてしまっても何らかの活動はなお維持されただろうが、無数の不用な書類作成や些細な厄介ごとのたぐいだろうと想像される。私たちの本部はストラスブールを去って、ヴォージュ山脈のふもとのモルセムに撤退しようとしていたが、そこもまだ軍が集結している真っ只中だった。私たちの役割はすでに少しずつ縮小されていたが、第六軍が驚くほど緩慢に指揮機関の設置を決めると、最終的にはほとんどなくなってしまった。それから果てしのない無気力な日々が続いた。私たちは少将一人、中佐一人、大尉二人、少尉一人の五人だった。学校の教室で顔を突き合わせながら、同じ希望に体を硬くしていたのをまだ思い出す。思いがけず郵便係が何らかの書類を届けてくれて、別の書類を作る機会がくるのではないか、といった望みである。若い方の大尉が一番明るかった。彼は通行証を配っていたのである！　歴史家というものは、そう簡単には退屈しない。いつも想起し、観察し、書くことができるからだ。しかし国民が戦っているときに自分が役に立たずにいるというのは、耐えがたい感情である。

私たちの司令官は予備役だった。とうとうこの有能な人材は自習に、つまり基本的には釣りの自習にこもってしまった。本部の残りの者たちは、サヴェルヌの師団分管区本部と合体した。もっとも私個人は、当時とても混雑していたこの心地よい小さな街には二日しかいなかった。私は総司令部の高官に接触する道をみつけていたのだ。「知り合いを頼って」よりよいポストを得るなどというのは、誇り高い人びとの間では誉められたものではない。しかしもっと役に立つ仕事をしたいという意志があるのに、この他に方法がないとしたら、それは私のせいだろうか。私はこの有力な仲介者のおかげで、一〇月はじめに異動の通知を受けた。配属先は第一軍参謀部で、私はただちにピカルディのボアンで合流した〔当時のフランス軍は、軍集団(groupe d'armée)—軍(armée)—軍団(corps d'armée)—師団(division)という形で編成されていた。ブロックが勤務した第一軍(1ère armée)は、ベルギー中央部から海岸までを管轄する第一軍集団に属し、対独防衛の中核を担っていた〕。

総司令部の命令で、私には明確な職務が割り当てられていた。イギリス軍との連絡将校という任である。この資格で私は第二部で仕事をするはずだった。しかし間もなく二人の大尉が到着した。何と彼らには、私の辞令と一言一句違わぬ任務を命じた通達があったのだ。参謀長は人員過剰だと判断し、軍の各主要機関が、隣接する遠征部隊とそれぞれ独自の連絡手段をもっていた方がいいと考えた。そこで私たちを異なる部署に割り振ったのだが、唯一、第一部だけは除外された。ここは兵員や軍規を監視するのが任務であり、外部とおおっぴらには連絡を取り合えないからである。私自身は第四部に移ることになった。この部署の任務は通行、労働力、それに補給だったが、私の役目は基本的に半分は情報担当、半分は外交担当という当初のままだった。ただし後にみるように、これらの権限が徐々に意味のないものになっていくのが経験からわかってきた。これは残念なことであり、私の望まざるところだった。当初あれだけ苦しんだ無為な生活に戻ってしまうのだろうか。こうして私が悲嘆にくれていたところ、燃料補給担当の将校が別の職務に呼ばれ、私にその後任がまわってきた。

私は一夜にして、フランスの前線において最も機械化が進んだ軍の、燃料責任者になったわけだ。最初は激しい恐怖に襲われた。この任務は実戦に際しては、最も重い責任をともなわずにはいないことに気づいていたからであり、おまけに私はその初歩すら知らなかったからである。私は妻に「ヒトラーがあと何週間か、おとなしくしていてくれればいいのだが！」と書いたものだった。しかし、少しは聡明な精神をもつ者が一心不乱に尽くすなら、それなりに務まらない部署は、指揮管理部門にはないのではないだろうか。私はこの新しい仕事について精一杯に学んだ。こうして努力するうちに、私には大きな幸運がめぐってきた。軍の燃料集積所の司令部のうちに、何らの私心もない最も信頼できる先達に出会ったのだ。ここではじめてラシャン大尉の名前を記すが、これが最後になることはないはずだ。この戦争は、指揮を誤った上に終わり方はもっと悪く、苦い後味が残った。それだけに数少ない明るい思い出は、私にとってより貴重なものとなった。真に人間らしい人物に出会うことは、いつも喜びである。気持ちを同じくして仕事をすること、そしてこの共同作業が固い友情のうちに少しずつ花開いていくのを感じること。これほど得がたい報酬は、ほかにはない。

実を言うと私の新しい部署では、初期の実習期間を過ぎるとさしてやるべき仕事はなかった。実習の後は、他の同僚もそうだったが、軍の官僚として単調な生活になってしまった。暇だったわけではもちろんないが、多忙をきわめていたのでもない。日常業務では脳への刺激もわずかだった。幸運にも私は何週間かの間、日常業務に加えて自分で選んだ一つの仕事をすることができた。というのは私はベルギー領にある燃料集積所については、あきれるほど不十分な情報しかないことに気づいていた。ドイツ軍がベルギー国境を侵犯したら、即座にベルギーに進撃するという周知の任をもつ軍としては、恐ろしいほどの情報欠如である。いくつかの個人的関係を通して、私はこの件に関する書類を補充し、大幅に精度を増すことができた。これには大いに奔走しなければならなかったが、参謀部という環境にあった経験は、ずいぶんと役に立った。このときとくに私が学んだのは、異なる部署の関係者の間で、しかも彼らが礼儀正しい場合、きちんとしたフランス語では単純に「自分に関係ないことにかかわる」というのをどう表現するか、ということだった。結局のところ私が率先して行なった調査は、結果がいかに有益であろうと、私の通常の任務の領分ではなかったからだ。私がしたことは、笑いを押し隠した表現で「精力的だ」と言われるのだ。

しかしこの仕事すら、一時的なものだった。そのあとは毎日毎日、容器を検査したり、支給分の燃料を計滴管で測ったりするだけになってしまった。間違っているかもしれないが、私がもっているであろう知的能力や企業家精神といったものが、あまりに使われていないという感じを再び強くするはめになった。一九三九年の冬から四〇年の春にかけての長い月日の倦怠は、知性あるあまたの人をうんざりさせ、陰気なボアンの街をさらに暗くしていた。おそらくは私自身がこのわずかばかりの毒気に多少ともおかされていたのだろう。正直に言えば、他の仕事を探そうと、夏が過ぎたらソルボンヌの職場に戻れるよう願い出ることを真剣に考えていた。そしてそのときに五月一〇日の突然の雷鳴が響きわたったのだった。

それがどれほど予期せざる出来事だったか、私が個人的に体験したことが、それを最もよく示していると思う。私は五月九日にパリに向かい、翌日の早朝にモーに行くことになっていた。モーでは総軍参謀本部の燃料部に赴いて、燃料引換券の綴りを受け取るはずだった。それらを部隊に配布するのが私の役目で、各部隊は規則に沿って、燃料の受け取りにその引換券を使っていたのである。モーに着いたとき、私はその夜に起きたことをまだ何も知らなかった。総司令部の面々は、このような状況において、かくも戦争にかかわりのない任務で、ベルギー戦線の軍からわざわざ一人の将校が出向いてきたことに、もちろんのことひどく驚いた。要領を得ないやりとりが数分続いた後、ようやく私はこのやや気詰まりな対応の理由をさとった。ちょうどよい時間に駅に駆けこみ、パリを通過すると、信じられないほど混み合った列車に飛び乗って、ようやくもち場にもどってきたのであった。

＊　＊　＊

その後の三週間がどのようなものだったかについては、ここで詳しく語るのはやめにしたい。間もなくこのときの出来事から教訓を引き出すべき時期がくるだろう。私の記憶に残る無数の場面からいくつかを選び出すだけで、北部戦線の一大悲劇に翻弄された日々のおよその流れを示すことができるだろう。

まず最初の戦闘司令部としてヴァランシエンヌの女学校が指定された。ここを経てベルギーの戦闘司令部へと進む予定だったのだが、ベルギーの戦闘司令部は、機動計画で予定されていながら、結局最後まで使われることはなかった。私たちは、最初のドイツ軍の爆撃で破壊された家々を、とても間近に、まだ新しい目で観察しようとしていた。私は二度ほど抜け出して、ベルギーに出向くことができた。遊牧民的な性分としては、これはなかなか気に入ったが、上官がいつも認めてくれたわけではなかった。五月一一日、私はモンスまで行くにとどめた。一二日にはもっと遠くまで、ニヴェルやフルリュス、シャルルロワの方まで進んだ。道路沿いではボリナージュの鉱夫たちが、五旬祭の休みを楽しんでいた。彼らは戸口のところから、フランスの自動車に歓声を送ってよこした。ゆるやかな起伏の連なる春の緑におおわれた農村は、かつてネー将軍(一七六九―一八一五。一八一五年にカトル゠ブラ、ワーテルローなどでナポレオン軍として戦った後、王党派に射殺される)が付近のリニーやカトル゠ブラあたりで戦ったはずで、魅惑に満ちていた。しかしすでにリエージュ地方から追われてきた避難民が長い列をなしていた。彼らはもち主のいなくなった古い乳母車にあれやこれやの荷物を積み込んで、道路わきを押し進めているのだった。さらにもっと不安な兆候は、潰走してきたベルギー兵が、村々に入りこみ始めていることだった。最初の希望の後には、最初の苦悩が襲ってきた。人びとの間では、ムーズ川の突破口が話題になり始めた。そこを通して各師団に補給しなければならなかったが、部隊はそれぞれ戦闘に巻き込まれるやいなや、消えうせてしまうのだった。ついに軍は西南部に向けて撃退され、五月一八日、参謀部はドゥエまで退却した。

ドゥエで私たちは、二日に満たなかったが、街の入り口にあった学校をまた宿舎にした。すでにボアンで女学校にいたので、何しろ教育関係の場がいいとみな思ったのだ。周囲では、爆弾が停車場、幹線道路、飛行場などに降り注いだ。他方で私は毎日のように後方の燃料集積所が一つ、また一つとドイツ軍の手に落ちたという知らせを受けていた。少しずつ前線に送る形で戦闘部隊への補給を確保しようと、念入りに貯蔵しておいたサン゠カンタンとカンブレの立派なタンク。ドラム缶が巧みに隠された、公園の木々や見捨てられたレンガ製造工場の屋根の下などの私たちのいわば「僻地」の保管所。これらのいずれにも、軍はもはや頼ることはできなかった。しかも間もなくまた逃げなければならない羽目になった。はじめはドゥエの前進戦闘司令部に、私と二人の仲間が残ると決められた。だがこの任務も当時の他の任務と同様、わずか数時間で変更された。それで私は爆弾で奇妙な形に崩され、きれいな三角形の線が消えつつある鉱滓の山の間や、陰気な地域を通り過ぎ、ランス(Lens)で四つ目の、そして最後となる学校で仲間に追いついた(五月一九日)。

四つ目は幼稚園だった。家具はどれも幼い子どもたちに合わせて作られていたので、いつまでともなく立ちつづけるか、あるいは体をねじまげて狭いところに座り、机の角ですりむいたひざが腹にくっつくようにしているか、どちらかを選ぶしかなかったが、いずれも体中が痛くなるものだった。しかもつねに簡単に選べるわけではない。業務報告書などを書くには座らざるを得ないではないか。首かせを逃れるには、長い努力がいったのである。この奇妙な体罰、醜悪な風景、またそこらじゅうに広がる炭煤の汚れ。これらすべてが、この物悲しい場所では、募るばかりの私たちの苦悩にはお似合いにみえた。ランスのこの学校に居を構えた戦闘司令部は、本当にぞっとするようなもので、まさしく敗北にふさわしかった。私は五月二〇日の夜を忘れることはないだろう。夜がふけてくると、遠くでアラスの街が燃える煙がみえた。すると部長が近づいてきて、子ども用に壁にかけてある地図でソンム川の河口を指さしながら、小声でこういった。「ドイツ野郎はここにいるのだ」。そして彼はもどってくると、不平そうにつぶやいた。「あまりこのことを話さないでくれ」。私は総司令部に電話を申し込んだところだったが、正直に言えば何度も試みた後でようやく、「包囲された軍」という悲劇的な言葉が、放棄を意味することを十分に理解したのだった。

その後間もなく(五月二二日)、私たちは北部に向かってエステール＝シュル＝ラ＝リスへと移動した。しかしここは十字路になっていて安全とはいえなかった。ドイツ軍の飛行士は個人的考えから参謀部を狙ったのではないとはいえ、私たちを避けるよう頼むのはずいぶんと虫のいい話だったろう。私たちが宿営した宿屋に直接ではないが、初日の午後にはすでに一発の爆弾が落ち、煙突や壁は激しく揺れた。私たちは軍服も書類も顔も、言うのもはばかれるほどの煤をかぶってしまった。警報も鳴った。真夜中には出発の命令が出た。その夜、私は本物の毛布のおかげで久方ぶりに心地よい眠りについていたのだが、それも戦場では最後となった。結局は私たちが出発したのは、陽が昇ってだいぶたってからだった。休息をとる工夫は大いに必要なのだが、私たちの参謀部にはあったためしはなかったのだ。そこで私は朝のうちに、いつものように燃料集積所からぐるりと燃料を集めてまわってから、リール市南部のアティッシュの館で隊に追いついた。みなはもうそこに集結していた(五月二三日)。

この館はとても美しい公園のなかにあるのに、正面は醜悪なタイルで飾られた重苦しい建物だった。家具などは豪華な様式だが、暗くて何となく中世的な感じである。一九世紀末ごろの上層ブルジョワジーは、こうした様式が、領主的と思われている生活には不可欠の環境だと考えていたのであろう。私たちの仕事場となった食堂の片隅には、葬式の花輪が一山積まれていた。館の主人の早まった配慮だと、私たちは言い合った。この二三日の午後、この場において私たちの第四部は、最終的に二つの小隊に分けられた。一つは後方梯隊を形成し、即座に海岸に向かって海からの補給を調整する任を負った。もう一つは軍司令官とその場にとどまることになった。私が属したのはこちらである。前線から最も離れたところが、実際は最も激しい爆撃を受けるようになるのだが、そのときは誰も予測していなかったと思う。これは運命の皮肉というものであろう。事実、爆弾は絶え間なく私たちの周りに落ちていたし、私たちはまったく単純に、爆弾に最も脅かされているのは前線だと思い、前線こそが捕虜になる可能性も高いと考えていた。私たちが属したのは収容梯隊で、ここには誰もが認める勇気ある者たちが含まれてもいたし、この退却がさほど不快ではないと考える者たちもいた。そういう人びとと共に、私たちは火戦にもっと近いところで、親切心と相互扶助というすばらしい雰囲気が絶えず支配する、そういう選ばれた小社会を作っているのだという感情をもった。その結果、仲間の一人などは、予備役の中尉にすぎないのだが、普段はノール県の商工会議所の所長で、沿岸に退却するよう指名されたのに、頑として従うのを拒んだのだ。私たちの次長は、この態度が自分自身のものとあまりに違うとして悪く解釈し、軍隊では当たり前の習慣とは奇妙に矛盾する行為ながら、部長その人に同行して後方にまで行った。彼は怒りで蒼白になって、この反抗せる者を参謀部の最高府に連行したわけだが、彼が驚いたことに、この勇気ある不服従は認められたのだった。

私の記憶ではアティッシュの食堂の光景に、もう一つの場面が一緒になって残っている。実際にはそれは、私が立ち会ったことのあるなかで最もおぞましい人間の情景の一つだった。午前中ずっと、扉の近くの椅子にぐったり座り込んでいた人物がいた。暗い顔つきにどんよりした目をして、何本もの紙巻たばこを嚙んでいた。袖をみてもはっきりわかる徽章は何もつけておらず、通りすがる人が触れそうになっても、伝令兵か何かに払うほどの注意も向けないのだ。実はこの人物は将軍で、つい前日にはまだ私たちの最も輝かしい一軍の師団長だったのだが、それがわずか数時間前に指揮官を罷免されたのだった。当否はともかく、飲酒癖のせいだろうとみなうわさし合った。彼は遅れに遅れていた軍司令官との最後の会見を待っていたのだ。ついに正午頃に会見は実現したが、数分で終わった。私たちがこの無残な朝の賓客に再会することはなかった。

次いで二六日以後、私たちはリール市の反対側を北西にいったステンヴェルクに移り、ここの明るくしゃれた心地よい別荘が、最後の戦闘司令部となった。隣の家はプリウ将軍の住まいだった。プリウ将軍は、軍集団に移ったブランシャール将軍の後任として、第一軍司令部に着任したところだった。敵軍の包囲はますます厳しさを増し、リールの主要な燃料集積所に火をつけて破壊するか否かという問題がもちあがってきた。

二七日の昼間もそれに続く夜も、私は決定が下されるのを待って過ごした。この間、少なくとも四回の破壊命令と、その取り消しの命令があった。最後にはすべてを破壊せよという命令が下ったのだが、これは危うく目的を果たせないところだった。というのはオートバイの伝令が夜に出発したまま、現場に到着しなかったのだ。彼の運命がどうであろうと、私には悔いる権利もなかった。私の務めは封書を確実に発送することだったのであり、私が自分で封書を届けたとしたら、任務を怠ることになっていただろう。とはいえ私の命令によって、勇気ある青年が死に赴いたのかもしれないと思うと、胸が締めつけられるのはどうしようもない。前の大戦でもすでに、この種の思い出は私の記憶に残っている。だからこそ眠れない夜には、意識が消えていくまで、胸がうずくのだ。幸いにも私は命令を再送することができ、大火は時間どおりに燃え上がった。

ちょうど時間どおりだった。というのは、すでに軍はリス川の背後に退却しており、そこから海岸へと向かっていたからだ。しかし全軍が、というわけではなかった。二八日の夜には私たちはプリウ将軍から、彼の指揮下にあるうち最低でも二箇師団については退却を保証するのは絶望的であること、そして将軍自身はステンヴェルクに残って敵を待つつもりであることを知らされていた。将軍は数名の士官を手元に残すだけで、あとの私たちは夜のうちに海岸にたどり着いて乗船するように、とのことだった。その後間もなく私は将軍に会いに行き、給油車を空にし、使えなくして廃棄するという命令を確認しようとした。それは軍から燃料の最後の一滴を奪うことであり、私は自分がそんな重大な決定をできるとは考えていなかったのだ。この決定自体は、当時出されていた他の方針から必然的に生じたものだとしてもである。われらが司令官は憂鬱そうに、家の玄関のホールを大またで歩き回っていた。この将軍は、じっさい何と痛ましい運命なのだろう。彼はたいそう立派に指揮してきたにちがいない騎兵軍団を奪われ、最後になって敗走の軍の指揮を担い、敗北の真の責任者の代わりに、報われるところのない虜囚の憂き目に会うのだ！

それから私は別荘に帰った。日中、私はすでに指令にしたがって自分の書類は燃やしていた。私がどのような任務を務めたかを日々記したノートもである。今日考えてみれば、この大切な緑のノートを手にするためだったら、何でも差し出しただろう！　私は私信も台所のかまどに投げ込んだ。荷物が重くなるのを避けなければならなかったからだ。そして行李にいれてもち帰る分として、とくに大切なものや役に立つものを選んだ。もっともそのうち四分の三は置いてきたのだが、少なくとも着古した作業着をもっとましな服装に着替えることはできた。その点については、軍砲兵総司令官よりも幸運だった。この非常に尊敬すべき人物は、おそらく名誉を重んじすぎたために、プリウ将軍と残ることを希望していたのだが、もう手元に行李も何も残っていなかった。早まってダンケルクに送ってしまっていたのである。身につけていた軍服しかなく、それは肘に穴があいていた。彼は大声でうめいた。捕虜になるのはかまわない。だがぼろ着でか！　笑いたければ笑うがよい。実を言うと、このような気持ちに私は何か高貴なものを感じている。

こうして私たちは夜に出発した。自動車はのろのろ進み、列は長く延びた。フランスの道路はもう遮断されていたので、車はベルギー領を通った。やっと一〇キロほど進んだだけで、夜明けとなった。それにしてもどうやって車に乗った敵の偵察部隊を避けることができたのだろうか。今日でもまだ、私には説明がつかない。しかし事実として、ときには車で、ときには徒歩で、私は昼近くになってオンドスコトに到着したのだった。あとは海岸に到着するまでだ。私はそこで再会したラシャン大尉と力を合わせて、私たちより先に出発していた燃料廠の本隊に追いつこうとした。集合場所は、ブレ＝デューヌと決められていた。私たちは車でフュルヌへの道をとろうとした。ところがまず橋が遮断されているのに突き当たり、次に幹線道路ではトラックが信じられないほど混み合っていて、互い違いに三列にもなるありさまだった。後ろの方では、一人の戦車部隊の将校が緊急の任務なので道をあけろと大声でどなっていた。私たちも一時間以上もかけて、何とかわずかでも道を作ろうとした。そのとき偶然に出会ったある師団長が、私に何をしているのかたずねた。わけがわかると、師団長は手助けのための兵を探しに行って、確かに人を集めてきてくれた。たいへん熱心に、とぜひつけ加えておきたい。しかしようやく私たちの努力が実ったときには、もう行くべき道を進み続けるには遅すぎた。おまけに先に行ったところで新たな障害に出会わないと、だれが保証してくれるだろうか。私たちは何の成果も得られずに、オンドスコトに戻るしかなかった。

そこから夕暮れに、私たちは今度は徒歩で出発し、もっと直線距離をとることにした。歩いていけば、車なら通れないところでも、すり抜けられるからだ。しかし少なくとも最後の一〇キロはたいへんな道だった。トラックが異常に混み合ってただでさえ視界が遮られている上に、どんどん見えにくくなる間を通り抜けなければならなかったからだ。燃料廠の本隊は、確かにブレにいた。そこの廃屋で私は歓待され、飲み物まで出してもらった。近くのズイドコト病院の外科医たちは知らずにはすまないことだったが、この海岸線はすべて、後方に向かって塩の染み込んだ沼地と干拓地が広がっていて、残念ながらそのときは運河が破壊されていたために、ほとんどまったく水がない状態だった。私たちはのどの渇きをいやすにも、シャンパンしかなかった。さわやかな泉から一杯の水が飲めたら、どんなに美味かっただろうか。

軍はもはやあるべき形では存在していなかったので、私にはもう参謀部ですべき任務は何もなかった。しかしまだ道徳的な責任はあった。確かに燃料廠も給油車中隊も、もう指揮してはいなかったのだが、私はこれらの勇敢な人びとと共にあまりに多くの仕事をしてきたので、彼らの運命、つまり彼らの乗船を確保する前に自分のことだけを考えればいいという気持ちには到底ならなかったのだ。当時はだれもが乗船することしか考えていなかった。敵が最後の防衛線を突破してくる前に、この呪われた海岸から逃れること、まだ残されている唯一の道、つまり海路をとって捕虜になるのを逃れること。群なす兵士たちは逃げようという焦燥でパニック状態だった。ほとんど武装解除された彼らはひしめきあいながら、自分たちより先にイギリス兵が沖に出たのを目にしていた。私は三〇日の大半を使って、兵の一人ひとりが確実に出発できるように撤退表の作成につとめた。午前中はまずブレ゠デューヌに赴いたが、混乱のなかでわれ先に自分の部隊や貨物トラックを追う兵士ばかりだった。誰彼なくトラックを運転し、数百メートル走ると車を乗り捨てるという者もいた。私は今一度、交通整理に立ち、運の悪い憲兵たちが数人ずつ十字路の中央に意味なく追いやられているのを、もう少し効率よく動いてもらうよう力を尽くしたのだが、あまりうまくいかなかった。続く数時間は、ベルギー国境にあるキャバレー「ペロケ」〔鸚鵡〕に行った。ここは一日だけ地帯軍政署がおかれていたところである。ついでマロ゠レ゠バンでは第四部の幹部たちと再会した。夜は砂丘の野営地で過ごした。ドイツ軍からの砲弾で、私たちの休息は時おり乱されたが、幸いにもこの秩序だった砲兵隊は、マロ゠テルミニュス・ホテルの左側の同じ場所に弾を撃ち込むだけだった。最初の何発かは少なくない犠牲者を出したものの、それ以後は誰もそこを通らなかったし、通っても駆け足で通り抜けた。もし砲撃がもう少し不正確だったら、芝草のなかの私たちの砂の寝床で、どんな殺戮が行なわれたかもしれない。

翌朝、私は兵士たちが乗船できるだろうと確信していた。一発の砲弾でその船が沈没するなど、どうして予測することができただろうか。無残にも全員ではなかったが、大半の者は救助された。こうしたことからそれ以後は、私自身の運命について考えられるようになった。そのとき私たちの指揮を執っていた旧参謀部次長には、自分より先に幕僚たちを出立させようという熱意はさほど見られなかったのだが、私が何とか切り抜けることについては、許可してくれた。この言葉は私の耳には不快だった。私がほかの誰かの代わりにすべりこむ、という意味だったのだろうか。幸いにも午後にさしかかったころ、騎兵軍団長のおかげで、他の二人の同僚とともに正規の任務を手にすることができた。後は私たちに割り振られた船を捜せばよかったのだ。

情報がきちんと伝えられなかったので、私は同僚たちと二度もダンケルクを横断する羽目になった。最初は東から西に、ついで逆の方向にである。廃墟となったダンケルクの街については、鮮明な記憶が残っている。外観はうつろで、そこにぼんやりと噴煙がただよい、通りに散乱しているのは、死骸というよりは人間の体の断片であった。耳にはまだ信じられないような大音響が残っている。フランドルの海岸における私たちの最後の時間は、グランド・オペラのフィナーレのように、爆弾の炸裂、砲弾の炸裂、かたかたという機関銃の響き、高射砲の音、などのさまざまな音響で満ちていった。この交響曲にもっとよく拍子をつけるかのように、沿岸マキシム砲の執拗なリズムが響く。しかし、この三一日の光景を記してきたが、私の記憶に最も強く残っているのは、これらの恐怖や危険ではないことを言っておこう。何よりも私が思い出すのは、突堤から出発したときのことである。えもいわれぬ夏の夜が、海に魅惑を振りまいていた。金色に光る空、鏡のように静かな水。炎を上げる精錬所から立ち上がる黒褐色の煙は、低い海岸線の上にアラベスク文様を描いており、そのあまりの美しさに何が燃えているのか、その悲劇的な原因を忘れてしまうほどだった。さらには私たちの船尾に刻み込まれたインドの物語の名前(「ロイヤル・ダフォディル」〔王の黄水仙〕)まで、これらすべてが、海に乗り出した最初の数分間の雰囲気のなかで、虜囚となるのを免れた一兵卒の利己的な、だが抑えがたい喜びをいやが上にも高めているように思われた〔追い詰められた連合軍は約四〇万人。最終撤退の六月四日までに三三万八〇〇〇人がイギリスに逃れたが、四万人ほどが捕虜になった〕。

ドーヴァーに上陸してからは、イギリス南部を列車で一日かけて横断した。この旅で残っているのは、長い無気力状態の思い出だ。その無気力な状態は、脈絡なく次々と湧き起こってくる感情や残像《イマージュ》で切断された。意識に上ったと思うと消えてしまう、夢で見る物語のようだった。まるで聖体拝領でもしているかのような顔つきの牧師たちや、色とりどりの服を着た少女たちが、列車の扉越しに差し出してくれるハムやチーズのはいったサンドイッチを、思う存分むさぼる喜び。同じようにふんだんにもらった、ほのかに甘い煙草の香り。レモネードの酸味。牛乳が多すぎて味のない紅茶。芝生の心地よさ。公園の景色。大聖堂の尖塔。デヴォンの生垣や岩山。踏切のところに集まった子どもたちの歓声。これらあまたの心づかいに、同僚たちはこう言い合った。「イギリス人は実に親切だ！」夜になると私たちはプリマスから再び乗船し、夜明けにシェルブールに錨をおろした。シェルブールでは長いこと停泊していなければならなかった。私たちを運んできた船の将校たちは、今度はフランス人だが、こう言っていた。「おわかりかと思いますが、海軍軍管区の役人たちは、九時前には出勤しないのです」。ああ、軍国フランスの後方に、私たちはまたお目見えしているわけだ。もう歓呼の声はない。サンドイッチも煙草ももうない。ひとたび上陸すると、きわめて形式的で無愛想で、やや軽蔑を含んだ応対である。休憩所としては、待遇が悪く汚れた兵舎があてがわれた。そこでは赤十字の女性が何人か、温かく迎えてくれただけだった。それから改めて、快適というには程遠い貨車で揺られ、真夜中にカンの街に到着した。出迎えは誰もいないようだったが、幸いにしてよいホテルがあった。しかも浴室までついていた。

軍隊の残骸で、まだ役に立ちうる何かをどのようにして作ったらいいのか。いかにして、またなぜ、それに成功しなかったのだろうか。この気の滅入る物語については、後にじっくり考えることがあるだろう。ノルマンディにかなり長く滞在した後、私たちは六月一六日にブルターニュのレンヌにやむなくたどり着いた。第一軍はもはやそこにはいなかったが、参謀部、いうなれば参謀部の残った部分が、総司令官の配下におかれていた。ブルターニュを防衛するためだといわれていたが、「部隊」が編成されたばかりだったのだ。翌一七日には、レンヌは飛行機の爆撃を受けた。私たちは爆撃地点よりかなり離れていた。にもかかわらず、遠方の弾薬貯蔵所の爆発による恐ろしいほどの衝撃で、私たちのすぐ周りの窓ガラスが割れるほどだった。私は一瞬距離感の自信を喪失したが、すぐに確信を取りもどした。「海辺で安らいでいるときは、嵐の音を聞くのは心地よい」とラテンの詩人は詠んでいる。こんな引用は月並みで、おそらくは不愉快な物言いだろうか。しかし自分に危害が及ばないとわかっている危険の音に耳を傾けるなら、どんな兵士でも心が本能的な安堵感で満たされるのを、自身の奥底でやはり感じるのではないだろうか。

六月一八日の朝、敵が近づいているといううわさが広まった。私たちの事務所は山の手の大通り沿いにあった。道の反対側からは、別の通りが中心街に向かって下っていた。私の従卒はそこに宿営していたので、午前一一時ごろ、私は彼のところへ行って急いで私の荷物を詰めさせた。彼と別れてから通りを上っていると、上り詰めたあたりにドイツ軍の縦隊が大通りを行進しているのが見えた。つまり事務所と私の間にだ。一発の銃声もない。フランス人兵士も、将校も、見つめているだけだった。後になって知ったのだが、ドイツ軍は武装した兵士に偶然出くわしても、銃を折らせ、薬莢を捨てさせただけだったという。私はずっと以前から、捕虜にならないためには何事も辞さない覚悟を決めていた。もし自分がまだ役に立つ自信があったなら、任務にとどまる勇気をもったはずだと思いたい。しかしいかなる抵抗もない現実を前に、私が役立たずであることは明らかであった。あるいはむしろ、罠が閉じてしまわないうちに逃げ出すことが、いくらかでも祖国と私の家族に奉仕し続ける唯一の方法だというのは、明らかに思われた。

西に向かって逃げること。自由な道が見つかると仮定しての話だが、レンヌが半島という袋小路にある以上、こんな企みを目論んでも、少し遠くで捕虜になって終わるだけだろう。南に逃げたとしても、ロワール川を渡れない恐れは高かった。少なくとも私はそのときこのように考えた。その後、私の予想に反してドイツ軍がナントを翌日になってようやく占領したことを知った〔ナントはレンヌの南方、ロワール川沿いにある都市〕。とはいえ、もし南に行っていたとして、ナントに到達できていただろうか。ブレストに行けば、イギリス行きの船に乗り込む手立てが見つかるかもしれないとも考えた。しかし子どもたちを見捨てて際限のない亡命をする権利があるとも思えなかった。ともかくも坂道の歩道で数分の間熟慮し、最も単純で、それゆえ最も確実に思われる道をとることにした。私は宿にしていた家にもどると、軍服の上着を脱いだ。粗製ラシャのズボンは、何ら制服を思わせるようなものではなかった。家主もその息子も、このような場合には大いなる勇気を示してくれ、私はわけなく上着とネクタイを借りることができた。それからレンヌで教授となっている友人と連絡を取り、ホテルに一室を借りた。本名でいるのが身を隠すのには最適と考え、ホテルの宿泊カードには本名と職業を記した。髪も灰色であるし、大学教授だと言えば将校と思う者はいないだろうと自信をもった。ドイツ戦闘司令部がホテルの宿泊帳と軍の将校の配備表とを付き合わせようとでもしない限りだが、そもそものような考えをドイツ軍がもったことはないようだ。おそらく私たちの主人となったドイツ軍は、捕虜を得たという幸福ですでに感覚が鈍っていたにちがいない。

こうして私は一二日ほどをレンヌで過ごした。道路やレストランや、また泊まっていたホテルでも、私は絶え間なくドイツの将校とすれ違ったが、そのたびに祖国の街々が侵略者に明け渡されているのを見る胸の裂けるような悲しみと、何日か前だったら拳銃を握っていなければ近づかなかったような男たちと平和に共存していることへの驚き、さらに、この紳士たちに気づかれることなく一杯食わせているという、意地の悪い楽しみの間で心が揺れた。実を言えばこの最後の満足感にしても、純粋のものではなかった。私の感覚からすると、偽りのなかで生活することには、つねにある種のとまどいを覚える。この偽りは最も厳しく倫理感や義務感を説く者の前に出たとしても、たやすく許しを得ただろうとは思う。それでもあれほど根気よく守り通せたことには、ときには自分でも驚くのである。列車が開通すると、私は友人のいるアンジェに行った。そこから道路でゲレへ、そしてわが家へとたどり着いた。フランス語の古語で「再びまみえること《ルヴワイユール》」というが、その甘美なときについては、何も書かないことにしたい。語ろうとすると、心がはずみすぎてしまう。このときについては、沈黙を守るとしよう。

＊　＊　＊

以上で私の体験がどういうものか、およその範囲が明らかになったと思う。今回の大戦の体験、という意味である。なぜならその前の大戦は、基本的背景としてしか関係しないからだ。私はかなり高レベルの参謀部の仕事や活動に加わった。もちろん行なわれていたことのすべてを知っていたわけではない。ときには私の直接の任務に不可欠の情報まで知らないこともあった。しかし、日々、さまざまな手法や人物を観察することができた。その反対に、自分自身で間近で注意深く戦闘を見たことはない。兵卒との接触も、まれにしかなかった。その点については、何よりもまずほかの証言にゆだねなければならない。そして私はそうした証言を集め、吟味するには格好の位置にいたのである。直接的観察に代えるつもりはないが、少なくとも一定の考察を裏づけるには、おそらくはこれで十分だ。直接的観察は、洞察力がすぐれているなら、その信憑性にも人間的味わいにも匹敵するものは何もないのだが。いずれにしても、誰もすべてを見た、あるいはすべてを体験したと言うことはできないのだ。各人が言うべきことを率直に言うべきだろう。真実はこうした率直さが凝集されたところから、生まれるだろう。

第二章　ある敗者の証言

私たちは、信じがたい敗北をこうむったところだ。誰に責任があるのだろうか。議会制に、兵隊に、イギリスに、第五列にある、と将軍たちは答える。つまり自分たち以外のすべてにある、というのである。そうすると老ジョッフルは、彼らより思慮深かったわけだ。ジョッフルはこう言っていた。「マルヌの闘いで勝ったのは私なのか、よくわからない。ただしわかっていることが一つある。もしもマルヌの闘いで負けていたら、それは私のせいだったということだ」。このことからジョッフルがとくに注意を促したかったのは、指揮官は自らの指揮下に行なわれたことには、すべて責任があるということにちがいない。指揮官自身がすべての決断を率先して行なったかどうか、すべての行動を逐一知っていたかどうかは、重要ではない。なぜなら彼は指揮官であり、指揮官たることを引き受けたのだから、良きにつけ悪しきにつけ、結果はすべて自分の責任として引き受けるのがその役目である。この謙虚な人物は、かくも簡単に偉大な真理を述べたが、この真理は今日ではさらに深い意味をもっている。戦闘からもどったとき、私の周囲にはこれを疑う将校は一人もいなかった。この惨憺たる敗北のより重大な原因について考えているとしても、直接的原因は、それ自体説明を要するだろうが、指揮の無能である。*

* しかも、陸軍大学校高等科の元幹事で元総司令官のヴェガン将軍は、一九四〇年五月二五日に次のように言っている(『フランス軍参謀本部秘密資料』*Les Documents secrets de l'État-Major général français*, p. 140)。「フランスは、必要な軍需物資もなく、必要な軍事理論もなく、戦争に突入するという重大な誤りを侵した」。(一九四二年七月)

私はこの言葉があまりに手厳しいので、多くの人びとのなかに頑強に根づいている先入観と大いにぶつかるのではと危惧している。フランスの新聞ほぼすべてが、またきわめて学問的な文献や書誌のすべてが、フランスの世論に対して型にはまった考えを広く信じこませてしまっていた。つまり将軍とは、生来、大将軍なのであって、かりに軍を壊滅させたとしても、その将軍はレジオン・ドヌールの綬賞などで報いられるのである。最悪の過ちについても、遠慮がちにベールを覆いかぶせることで国民の信頼を維持できると考えているのであろう。現実にはそうした行為は、戦争を遂行する者たちの間に危険ともいえる苛立ちを撒き散らしているだけなのだが。しかしそのほかの理由、つまりもっと耳を傾けるべき理由がある。

ある独特な歴史の法則が、国家と軍事指導者の間の関係を規定しているように思われる。指導者たちは勝利しても、たいていは権力から遠ざけられている。それが敗北したとなると、勝利に導くことができなかった国の手から、政治権力を受けるのである。マクマオン〔元帥。一八〇八―一八九八。一八七〇―七一年の普仏戦争を率いて敗北した後、一八七三―七九年に大統領を務めた〕はスダンでの敗北後、ヒンデンブルクは一九一八年のドイツ崩壊の後に、自らの敗北から生じた体制の命運を握ることとなった。またフランスが指導者として担ぎ、もしくは指導者になるにまかせたのは、ヴェルダンで勝利したペタンではなく、ルトンドに立ち会ったヴェガンでもない〔第一次大戦の休戦協定は、コンピエーニュのルトンド駅近くの列車内でドイツとの間に調印された〕。もちろん私は成功がすべて自然発生的になしとげられたのではないことを、知らないわけではない。しかしこれらの成功が、集合的な感情のある種の精神病とでも言うべきものに対応しているのは確かである。敗れた国民の目には、星飾りや徽章がちりばめられた制服は、戦場で引き受けた犠牲と共に、過去の栄光、そしておそらくは未来の栄光をも象徴していると映るのである。ある意見が真実に反するならば、それに異を唱えない方がよいとは私は思わない。私はパスカルのように考える。パスカルによれば熱情とは奇妙なもので、「公的過失をおかした者に対しては怒らず、過失を糾弾する者に対して怒る」のだという。さらにパスカルは他所でも書いている。「聖人が口をつぐんだことはない」。これは検閲に対する標語ではないが、残念ながら、神聖であるとは望むべくもなくても、誠実な人間として謙虚な道徳心に素直に向かおうと努力する人はみな、このパスカルの言葉について深く考えるべきだろう。しかし誠実な気持ちでいるのだから、それを攻撃するのは少し悲しいのは確かである。

私はいま「指揮」について述べた。ところがこの言葉を書くや否や、歴史家としての私は、これを書いたことに憤慨する。なぜなら歴史家という仕事の初歩は、こうした抽象的な言葉を避け、その背後にある唯一の具体的な現実、つまり人間たちを復元させることだからだ。指揮の誤謬とは、根本的には人間集団の誤謬である。

私の階級が高くなく任務も小さかったために、私は軍首脳部にほとんど近づくことがなかった。ときどきやや近くで会うことができた唯一の人物は、ブランシャール将軍だった。彼についてはなかなか育ちのよい人物だという印象がある。最後に将軍が私に声をかけてくれたのは、私がフランドルからもどってきて、ノルマンディで会ったときである。将軍は親切にこう言ってくれた。「ということは、君もやはりこの冒険《アヴァンチュール》を無事にやりおおせたわけだね」。この表現は私には粋に思われた。「われわれの幸運な冒険を祝福しよう!」とは、コルネイユの『ポリュクト』の最後の場面で、フェリックスが同じように叫んでいるのだが、ヴォルテールは「この言葉は、自分の婿の首を斬った後で言うと、少し笑ってしまう」と注釈をつけている。フランドルでの戦闘《アヴァンチュール》では、ブランシャールは軍の半数以上を失った。しかも自分の参謀長と自らの後任に指名していた将校は、自発的に捕虜になるべく、兵士たちと残ってしまったのである。とはいえ偶然の事柄に基づいて誰かを判断すべきでないことは、私も承知している。ある日の未明、アティッシュの館で、イギリス軍の総司令部に電話をするようにと呼び出された私は、一時間以上をブランシャール将軍の待機していた部屋で過ごした。将軍は一言も発せず、身じろぎもせず、悲劇的ともいえる不動の姿で私との間にある机に広げられた地図に目を凝らしていた。あたかもとらえがたい決断を、地図に求めているかのようだった。やはりアティッシュで、この将軍の口からもれたいくつかの言葉に私は心ならずも驚いたが、この点には後に触れることになるだろう。しかし全体として言うと、ブランシャール将軍については、その指揮する行為によってしか知ることができなかったのだ。そしてそれらのなかで、将軍の個人的行為がどこからで、その幕僚としての行為がどこからなのか、見極めるのは困難であった。

言うまでもないが、私の直接の上官や同僚である参謀部の将校たちとは、より親しく接することができた。大半が陸軍大学の学生か卒業生である。

実のところ、私はこうした人びとと大変親しかったので、参謀将校自身の人物像をここで披露したいという誘惑に負けないよう、あらかじめ心しているほどである。目を閉じて記憶のなかを旅すると、はっきりと個別化された姿かたちが、私の意識に次々と並んで浮かんでくる。いつまでも笑みを絶やさない者もいるし、生涯にわたって懐かしい記憶として残るだろう者たちもいる。

第三部のB大尉は、うつろな顔を高く上げ、かつて本部での戦術の授業で得た机上の科学を、慕ってくる群集にいつまでも施しているようにみえた。まるで聖体の秘蹟でも与えているかのようである。X大尉は私たちの部隊の者で、行動において名を馳せたというより、何しろおしゃべりだった。それが数カ月の間に書記たち全員の恨みを買うにいたった。指揮に対して無邪気な使命をもち、「従わせる」という任務を負っていると信じこんでいたからだ。地下倉に彼が眠りに行くと、いつもその後でみながどれだけあざ笑ったことか。これらの虚勢を張る者たちと、食堂で食事を共にした将校とを一緒に扱うことはできない。この人物は、とても世話好きで勇気を誇示することもなく、部長補佐官、ついで連絡将校として目立たないが有能だった。この将校に非難することがあるとすればただ一つ、気力の喪失、あるいは身体的うつ状態とでもいうべきものの発作である。そのためエピナル版画に描かれるような戦士への夢想が崩れ去ったのを前に〔エピナル版画はヴォージュ県エピナルで作られた色刷りの版画。伝説・歴史・宗教など伝統的題材が多いこともあり、今日では伝統的で素朴な見方という比喩にも使われる〕、ある夜、ステンヴェルクの重苦しい雰囲気のなかで、何とも無意味に捕虜になってしまった。そんなことになるまでには、どれほど苦しんだことだろう。しかもその後、ドイツの新聞などで休戦協定を知ったときには、もっと苦しんだであろう！　以上に述べてきた人たちは、ボアンにいたときからすでに私は十分に評価してはいた。しかし、戦闘の灼熱の日々を経た今、さまざまな意味において、さらに多くのことを知るようになったのである。

たとえば一九一四―一九一八年の大戦に参加し、立派な表彰を何度も受けた将校がいる。私たちは確かに以前から、人を惹きつける彼の性格だけでなく、恐るべき欠点をよく知っていた。現実感覚はあるのに無秩序であり、物事を切り抜ける機転が利くのに頑固に何物も予測しなかった。やさしいのだが、ときに率直さに欠けた。とはいえ戦闘において彼が意気阻喪するなど、誰が予期しえただろうか。今日では、私たちは彼に対して正当な評価をしていなかったと心底から考えている。何よりも迫りくる破滅をあまりに早く察知したこと、過剰な任務の重圧からくる不安、また行き過ぎた感傷、これらは彼においては神経症的であったが、一見したところ限りなく恐怖に近いもので、私たちはそれをやや意地悪く、危険を前にしたときの弱さのせいにしていた。それ以上のことは考えなかったのだ。アティッシュで彼は私に、当時敵に最もさらされると考えられた任務に、仲間のうち誰を任命したらいいのか、自分で決める気力がないと打ち明けなかっただろうか。いずれにせよ、一つだけ確かなことがある。この立身出世を遂げた兵士は、長年にわたって事務と教育の仕事にたずさわっていたことで感覚が鈍っていたのだろう。指揮官という言葉には自制や冷酷無比という意味も含まれるが、それもあわせて彼は、指揮官たることを完全にやめていたのだ。

記憶の書板の別のところをあけると、親しかった砲兵大尉の長身で金髪のシルエットを思い出して、つい喜びを抑えられなくなってしまう。彼はアティッシュやステンヴェルクが困難な状況にあったとき、前進部隊で私たちの部署の指揮をしていた。少し前に彼がボアンで補給小隊を指揮していたとき、こせこせして、しばしば機嫌の悪い人物だと私たちは考えていた。機転があまり利かず、馬に乗るのが熱狂的に好きで、知的な作業は嫌いだと喜んで自慢していたほどである。自分が正しいと思った意見は、たとえ上司が反対でも主張するなどし、こうした点には敬服せざるを得なかった。他方、わざわざ反抗して楽しむ姿勢などには、いらいらさせられた。おそらくは少し無理して排泄物に関する冗談を飛ばしていたが、そうした趣向は謹厳とは程遠い者をもうんざりさせた。彼の政治や社会(彼は上層ブルジョワジーの出身だった)、また思うに人種に関する偏見は、私の世界観とは考えられる限り隔たったものだった。私たちはきちんとした同僚だったが、互いにたいした熱意もなかったように思う。

それから北部戦役が始まった。すべてが終わったとき、プリウ将軍の決定で、各部署から一人ずつ将校が出て、将軍とともに敵を待つことになった。すでに述べたように、私たちの指揮官はTだった。Tは自分が指揮官なので、この犠牲の任務を負うのは自分しかいないと考えていた。しかも無意味な投獄は兵士の名誉ある義務のなかには入らないと、かなり頑固に決めつけており、後に私に打ち明けたところでは、ドイツ軍が到着したらすぐに、拳銃を手につかまらないところまで逃げ出そうと、その後の夜を垣根の穴を見据えて過ごしたとのことだった。もし最後の瞬間に、思いがけない事件のおかげで行動の自由を取りもどしたのでなかったら、彼はきっと言葉通りのことをしただろう。というのは夜になって、戦闘司令部に第四軍団長が突然現れたのだ。Tの指揮下にある部隊はほとんどみなリス川を渡れないので、Tは軍司令官と命運を共にする決意をしていた。先に触れた一緒に食事をした人物は、軍司令官の連絡将校の任についており、司令官につき従っていた。前にも記したように、この哀れな友人は、海岸に逃れるというせっかくの機会を利用しなかった。疲労のためであったろうこの拒絶が、Tを救った。というのはプリウ将軍は、事務方の捕虜については部署ごとに一人しか要求していなかったからだ。そのためTは出立してよいという許可を得た。翌朝、オンドスコトから遠くない私たちの最初の待ち合わせ場所に、バイユールの荒れた道々を通りすがら見つけた新品の自転車に乗って、遅刻しそうになりながら彼が姿を現すのを見て、私たちは驚いたり喜んだりした。というのは彼と私は、前の夜に別れを告げたところだったからだ。二人とも大いに感動していた。私たちはかつては互いによく知らなかったし、そのことについて大いに後悔している、などとそのとき言葉にしなかったが、それはこのようなたぐいのことはあまり口にしないものだからだ。互いにそれを感じれば十分であった。今日では彼とはすっかり離れてしまった。これを書いている今も、彼がこの世にいるかどうかさえ知らずにいる。もし生涯の間にまた会う機会があるならば、結局は対立してしまうことになるだろう。しかしもう以前のようにではあるまい。私としては、ステンヴェルクの庭園で人間としての輝きを放った数分間を記憶から消し去ることは、とてもできないからだ。

それに先立って起きたことで、この感動を裏づけてくれる数分間も、忘れることはできない。おそらく真の行動人の特性の一つは、行動するなかで悪癖が消える一方で、それまで眠っていた徳が思いもかけぬ形で光り輝くことだ。私の同僚の変貌は、その傑出した例といえる。良心的で誠実という点では、彼はつねにそうだった。細かいことにこだわるのはやめ、何物にも反抗しようという傾向も消えた。いつでも情報を提供したり、指示を与えたりする態勢にあり、すべての責任を引き受けながら、指令を実行する者に必要な自由を許す指揮官だった。最悪のときにも忍耐強く冷静で、自分が疲れているのには構わず他の者たちの疲労に気を配った。それらを考えても、何と立派な男だったろうか。私は真の人間を発見したわけだった。

しかしいかなる人間集団においても、個人がすべてではない。いわんや個人の特質は、強固に組織化された共同体に属すと、ぼやけてしまう傾向があるからである。誰に対してもほぼ同じ方針に沿って行なわれる最初の訓練、あるいは同じ職務の遂行や共同生活上の規則への服従などは、おそらく共同体の人たちを結びつける最強の絆にはならないだろう。もっと必要なのは、古いメンバーから新しいメンバーへ、指揮官から部下へと伝統が伝えられること、それに加えて、ある種、集団としての威信があるという感情である。こうした感情があることこそが、まさに軍隊組織とでも呼びうるものの場合である。国民のなかで、現役将校たちの階層《ミリュー》は、すでに特徴的な小社会を形成している。この小社会は、過去の種々の遺制をまだ抱えているので、古えのフランスにおいて階級の概念というよりは「身分」の概念だった像《イマージュ》を、相対的には平均化された私たちの文明のなかで復元させるのに、最も適しているものである。かつての貴族身分では、序列には大きな差異があったが、原則においては真に平等だという意識が行きわたっていた。この規定に照らせば、王さえも個人としては「王国内で第一の郷紳《ジャンティオム》」というにすぎなかったのである。今日でも同様に、将軍は星章がいかに多かろうと、一介の少尉が勤務する部屋に入ったとき、この少尉に握手をしないならば、最も基本的な礼儀を欠くことになるだろう。しかし、一兵卒の場合は言うにおよばず、下士官と向き合ったときに将軍がそうした行為に出るのは、何か例外的な状況が起きたときだけだろう。軍の内部では、参謀部の将校の世界は、驚くほど均質な世界であるようにみえる。

誰でも認めるであろう一般的特質のなかでも、間違いなく将校に最も名誉をもたらしているのは、職業上の義務に対して敬意を払っていることだろう。しかもこうした傾向は、位階を問わず大半の将校に共通していると思う。他の世界と同様に、陸軍大学を修了したなかにも、良心のひとかけらもない怠け者はいるだろう。私はこれまでそうした怠け者には一人も出会ったことがない。一度だけ例外があるが、それは明らかに同僚がもう見定めて、大して重要でない参謀部に左遷された者だった。怠け者がいないのは大きな美徳である。私は他の公務員集団の場合には、今日そうした状況にはほぼないことを、危惧しているのである。

参謀部付きの将校が、部隊付きの将校を軽蔑しているというのも、よく耳にする話である。総合して考え合わせると稀なことだとはいえ、確かに何人かのうぬぼれ屋が、陸軍大学出身だという、いらいらさせる傲慢さを誇示しているのは否定できない。しかし次のように言うのが正当であろう。すなわち、私が知り合った陸軍大学の出身者はほとんどみなが、部隊に復帰したいという希望をはっきりと述べていた。それはある種、流行だったとも考えられる。決断を迫られて、明らかに熱意を喪失してしまった者たちも何人か知っている。とはいえ少なくとも若者の間では、実に大半の者の場合、このことはまったく誠実な感情に対応していると思われた。いずれにせよ、上品さゆえに兵卒たちの間にも同じような尊敬の念を引き起こすのは、すでに特徴的なことであった。

ときには命令の執行者と指導者の間に誤解が起こるが、これはいかなる国でも軍隊の多くでそうであろう。指導者のみに責任があるとはいえない。というのは、困難はさまざまな段階で同じ角度から現れるわけではないし、頭のなかで他者の立場に身を置くことは、位階制の下にあっても上にあっても、きわめて困難な精神的体操だったからである。この点については、参謀部が多くの罪をおかしたことは、否定しようがないだろう。しかしそれは軽蔑からというよりは、想像力の貧困さと現実感覚の欠如によるものだったと私は思う。

まだ闘いが始まっていないときには、私たちは部隊をどう動かすか、地図をみながら時を費やした。しかしそれに際して、兵士が器用に住処にした宿営を冬の真っ只中に引き払い、もっと劣悪で不適切な設備しかない新しい宿営に移動することが、およそ隊内に引き起こすであろう物質的な障害や精神面での落胆が、全体でどの程度になるのか。こうした点について私たちの何人が、どれほどはっきりとした意識をもって考えをめぐらしただろうか。しかも、もっとひどいことがあった。前の戦争の間に、司令部から出された命令が次々と段階的に伝えられていって、その命令が実行されるべき地点に到達するまでにかかる時間を正確に司令部が計算できていないことを、私は何度も確認している。どんなによい覚書《メメント》でも、連絡将校がぬかるんだ道をどれほどで行けるか、あるいはどれほど予想外に時間をとるか、洞察力のない者に教えることは決してできないのだ。一九一八年七月二二日、私はマンジャン大佐の軍にいたのだが、マンジャン軍のやり方はとりわけ耐え難いものだった。私は留守部隊にいたときに攻撃命令を受け取ったのだが、関係する部隊はまさに移動中で命令を伝達できずに、たいへん苦労した経験がある。この命令が届くべきところに着いたのは遅すぎて、作戦の任を命ぜられた大隊は夜明け前に地形を確認する余裕がなく、正反対の方向に攻撃を仕掛けた結果、ほぼ全員が無意味に殺されてしまった。今回の戦争での指揮が、完全にこうした悪弊を免れているかは確信がない。この点について告発されるべきは、知的教育のやり方全体なのだ。これについては後にまた触れることにする。

確かに簡単でよく知られた対処法はある。司令部と戦闘部隊の将校団の間で、部分的に相互に人員が入れ替わる態勢を作りさえすればいいのだ。しかし上層の将校たちは、仕事の相手を変えたがらない。思い出されるのは、一九一五―一九一六年、将校たちが人の交流を嫌うあまり、戦闘部隊と参謀部で、見ている範囲がまったく異なってしまったことである。あまりに長いこと人員の交代を先延ばしにしていたため、ようやく交代命令が出たときには、大量にせざるをえなかった。しかも部隊では多くの死者が出た後だったので、ふさわしい人材を必要な数だけ供給することができなかった。すべての優秀な中隊長や大隊長が、すなわち優秀な参謀部の将校ではないからである。一九三九―一九四〇年の冬に私は、幹部将校の間に異動のない状況が再現されているのを見て、不安を抑えられなかった。そこで上層部にその危険を知らせようとしたのだが、五月と六月の危機はあまりに唐突だったので、そうした危険が明らかになる余裕はなかった。

参謀部の将校たちは誠実で、大いにやる気に満ちており、心底から愛国者であった。その上、大半の者が理工科学校やサン＝シール陸軍学校を修了した多くの者たちよりも鋭敏な精神を持ち、ときにははるかに優秀であった。したがって全体としてみると、彼らは尊敬に値する集団だったと言える。他方、彼らによって、あるいは彼らの間から出た指揮官によって、私たちが敗北に導かれたことにも、異論の余地はないであろう。なぜか。その説明を求めるよりも、まずどのようにしてかを述べることから始めたほうがよいだろう。

ここに戦争の批判的歴史を書こうとするつもりは、露ほどもない。北部戦役についても同様である。そのためには資料がないし、技術的能力もない。しかし明白な確認された事項がありすぎるほどなので、これ以上待つ必要はない。それらは今すぐにでも述べていくことができる。

私たちの軍が敗北したのは、多くの誤りがおかされ、その結果が積み重なったためである。それらの誤りは種々雑多だったが、共通しているのはいずれにも怠慢がはびこっていることだった。司令官や司令官の名のもとに行動していた者たちは、この戦争についてじっくり考えることができなかったのだ。言い換えるなら、ドイツ軍の勝利は、基本的には頭脳による勝利であり、そこにこそもっと重大な問題があるはずである。

さらにはっきり言うことができるだろう。すべての決定的な特徴のうち一つが、現代文明とそれに先立つすべての文明とを対立させている。すなわち二〇世紀の初頭から、距離の概念が根底からその価値を変えてしまった。ほぼ一世代の間に、大変身を遂げたのだ。しかもそれはいくら急激だったとはいえ、私たちの日常のなかに徐々にではあるがしっかりと浸透したため、革命的な性格は習慣のなかに多少とも埋もれてしまっていた。しかし現代の社会は、いやでも私たちに目を開かせる。なぜなら戦争、あるいは敗北から生じた窮乏は、タイムマシンで時代を遡ったかのような作用をヨーロッパに与えたからだ。過去の生活は、昨日においては永遠に消え去ったのだと考えられていたが、戦争による窮乏は突如として、その種の生活に私たちを連れもどしたのだ。私は今この文章を、別荘で書いている。昨年、出入りの商人も私もガソリンを手に入れられたときには、私たちの経済の小さいながらも中心である小郡《カントン》の首邑は、家の戸口のところにあるように見えた。それが今年は、足に自信のある者は自転車で我慢しなければならない。重いものの場合はロバ車が必要だ。首邑に出かけるたびに探検隊といった様相である。これでは三〇年か四〇年前と同じではないか。ドイツ軍は速さを掲げて、今日の戦争をした。私たちはといえば、昨日の戦争、あるいは一昨日の戦争さえ試みなかった。ドイツ軍が自らの戦争をしているのを目の当たりにしたときにすら、私たちはそのテンポを理解できなかったし、しようとすらしなかった。ドイツ軍のテンポは、新しい時代の速度を増した振動に合わせたものだったのである。その結果、現実に、それぞれ人類の異なる時代に属していた二つの敵が、私たちの戦場でぶつかったのであった。要するに私たちは、長い投げ槍で銃に対抗するという、植民地拡張の歴史にはなじみのある戦闘を再現したにすぎない。そして今回、未開人の役を演じたのは私たちだった。*

＊　現在の変貌が思考に押しつけるテンポの加速については、小さな書物に巧みな観察が記されている。チャールズワースの『ローマ帝国における道路と商業取引』(Charlesworth, *Les Routes et le Trafic commercial dans l'Empire romain*)だが、誰もその種の考察をこの本に求めないかもしれない。p. 225 の論の展開を参照されたい。とくに次の箇所。「人間は今日では私たちの祖先が驚くほどの速さで、決断を下さなければならな

い」。（一九四二年七月）

北部戦役の間、第一軍の戦闘司令部がおかれた地名を見返してほしい。ヴァランシエンヌからドゥエ、ランス、エステール、アティッシュ、ステンヴェルクへと移動している。敵が一押ししてくるたびに、後退しているわけだ。これ以上もっともなことはない。では敵が進んだ距離はどれほどか。いつも二〇—三五キロメートルである。それ以上ではない。表現を換えると、というのはヴィダル＝ド＝ラ＝ブラーシュ（一八四五—一九一八。地誌研究を重視する地理学の伝統の基礎を確立。人文地理学の概念の確立にも尽力した）がすでに教えてくれているように、今日考慮すべきことは時間としての距離なので、この進軍距離は最大に見積もっても自動車で半時間の距離である。もちろん抵抗線の移動もこれに比例していた。少なくとも司令官が敵軍に対して、抵抗線の地取りを画することができると考えたようにである。私たちがいたランスの学校からは、機関銃の戦闘の音がはっきりと聞こえた。一九一四年の老兵たちにとって、いくぶんか忘れてしまった音響を聞くことは、確かに追想を起こさせるとはいえ、私たちの指揮官が参謀部を喜ばせようとしたのだとは思えない。ドイツ軍はごく単純に、規則にかなっていると考えられていた以上に速く、前進しただけなのだ。そして戦争の間、ほぼずっとそのようにした。私たちのやり方について、「場当たり的戦略」と言ったある同僚がいた。それは、少なくとも自分の時代にどうあるべきか知っていながら、上官たちにかくも断固と背を向けられて苦しんでいた、青年将校の一人である。もっとも、あまりに明白なこの状況を理解するのに、陸軍大学や陸大高等科（CHEM）の椅子でズボンの尻をすりきらせる必要はなかっただろう。ムーズの軍がひとたび突破されると、わが戦線では敵が日ごとに執拗になっていたが、救済の唯一の機会は確かに残っていた。戦線を「離脱」して、新しい防衛線を作ること。それも態勢を整える前に掃蕩されないよう、かなり後方にである。ところがそうするどころか、指揮官は即刻粉砕されるだけの小部隊をかわるがわる激戦地に突進させ、他方でヴァランシエンヌとドゥナンへの前線を維持することに汲々としていた。ようやく海岸線への撤退が決定されたときには、そこに残されていた師団はもはや指示された時間通りに集合するなど、不可能なありさまだった。もしもかつてジョッフル元帥が、シャルルロワ、モランジュの戦闘に続けて同じ手法を採用していたら、マルヌの闘いで勝利することはできずに、ギーズ方面で敗北していただろう。しかも当時は、敵軍は徒歩で進軍していただけだったのだ。

これらの過ちのなかで、つまるところ第一軍、総司令部、その中間の第一軍集団などといった各司令部が何の責任を負うのか、私にはわからない。第一軍集団の司令官は、まずビヨット将軍、ついで五月二五日からはブランシャール将軍であった。ビヨット将軍は二一日に自動車事故で致命傷を負ったため、自己弁護するにもういない。このいわば時宜にかなった死去によって、ビヨットが必然的に犠牲の羊の役割を負うことになった。マロ＝レ＝バンのみすぼらしい食堂で交わされた会話からしても、彼にその役割を割り振るだけだった。

いや、おそらく完全に誤っていたにちがいない。ドイツ軍がベルギーに侵攻した場合、英仏連合軍の反撃はどのような形を取るべきだっただろうか。この問題は冬の間じゅう、参謀部の「作戦」課で議論された。見解は二つに割れた。一方が提案していたのは、決然として敵を待つことだった。ベルギーではエスコー川によって、次いで東部では残念ながら切れ目があるが、ほぼフランス国境に沿って走っている防塞や対戦車壕の線〔マジノ線〕によって、標示される陣地にじっと構えてである。前方に偵察部隊や遅滞行動の部隊を派遣する覚悟であるのは、言うまでもない。他方が提案していたのは、その反対に、国境線を踏み越えてでも即座に全面戦争に打って出ることであった。そのためディル川左岸、ベルギー領内のムーズ川左岸を一挙に占領し、その間に二つの川の間では、自然の障害がほとんどまったくないエスベー高原を横切るヴァーヴルからナミュールまでの三角地帯を占領する、というのだ。誰でも知っているように、二つ目の意見が最後には優位を占めた。この決定においては、ビヨット将軍の影響力が大きくものをいったようである。

この選択自体、おそらくは慎重を欠いたものだった。ベルギーでの抵抗が、リエージュのあたりで弱まってくると、選択が軽はずみだったことは動かしがたいものとなった。ベルギーの抵抗の間に数日の猶予を得て、私たちは新しい戦線に武器や兵士を配備し組織するはずだった。ところがリエージュとマーストリヒトの間の橋はすべてここぞと思うときに破壊されておらず、ドイツ軍による攻撃が始まるとすぐに、陣地は包囲されてしまっていた。連絡将校の証言によれば、陣地が急速に崩壊するのは疑いのないところだった。同時に最初の衝突で、他にも驚くべきことが明らかになった。敵の戦車は、こちらの情報担当が推定したよりもはるかに数が多く、しかもなかには予想を上回る威力をもっているものがあったのだ。またドイツの空軍力は、当方より圧倒的に優っていた。ディル、およびヴァーヴル—ナミュール地帯の前方で確実に偵察をする任務は騎兵軍団が負ったが、この軍団は名称は伝統的なものとはいえ、全面的に機械化されていた。ある獣医は「私がかかわることのない唯一の部隊です」と、ある日私に言ったものだ。当時この大部隊を指揮していたプリウ将軍は、一一日になるともう、すでに予定されていた軍事行動を放棄しようと提案している。そのようなことをすれば、私たちの防衛線は直ちにエスコー川、そして国境線まで押しもどされただろう。ここでもまたビヨット将軍が異議を唱えた。これほど地位の高い指揮官が、個人的圧力を行使しようとするならば、それが何らかの影響を及ぼさないことはまずない。軍集団司令官との協議の後で、プリウが少なくとも報告書の内容を緩和させたと信じるにたる理由が、私にはある。いずれにしてもこの報告書がまったく省みられなかったのは確かである。

それでは第一軍とその左側に位置した英仏連合軍の命運は、もしもその右側で思いがけずムーズが大きく瓦解しなかったら、どうなっていただろうか。確かにこれについては、事後的に推測するに十分な能力が私にあるとは思えない。五月一四日には、私たちに割り振られていた正面の一部が突破された。それはモロッコ師団の一つが押さえていたのだが、ここに配属されていたモロッコ人たちは、少なくとも最初は空襲や戦車の攻撃を我慢しきれなかったようだ。だが再建は比較的速やかに行なわれた。

ムーズとスダンの軍が壊滅したことにより、ベルギーで交戦中の部隊の後方が突然にして無防備となり、結果としてその軍事行動が取り返しのつかない失敗に陥ったのは、間違いない。容易に防御できると考えられていた大河の切り立った渓谷が、かくも守られなかったことを、どう説明したらいいのか。これは今回の戦争の最も重要な、そしておそらくは最も驚くべき出来事の一つだが、これについて私はこれまでのところ、信憑性のない噂しか集められていない。十二分にわかっているのは、このことから必要な結論を引き出すのが遅すぎたことぐらいである。

五月一三日に、私たちはムーズの戦線が崩壊したことを知った。その同じ日、総司令官ガムランの署名で、ヴァーヴルーナミュール戦線でまだ抵抗せよとの命令があった。退却は一五日まで決定されなかった。しかもすでに言及したと思うが、退却は点滴のようにぽつりぽつりとしか行なわれなかった。このやり方には、ヴェガンがガムランに替わっても（二〇日のことだった）、また翌日にこの新総司令官がゴート卿とビヨット将軍を訪問しても*、変更はまったく加えられなかった。この劇的な訪問に、ヴェガンは飛行機を使っている。地上の交通手段はすでに海まで切断されていたからである。そしてこの会見の帰りに、軍集団司令官ビヨットの車がトラックに衝突してつぶされたのだった。ビヨットはいつも猛スピードで運転させていたという。一三日以降続いて起きた事件のなかで、彼個人としての役割は何だったのだろうか。この問題については、私は特別な知識は何らもちあわせていない。ただ一つだけ確実なことがある。それはこのときおかされた誤りは、結果からみればより決定的に重大だったことである。作戦計画の最初の構想があまりに無謀だったとしても、誤りそれ自体のほうが許されるとは思われない。結局のところ、偉大な指揮官でも、最初の時点で誤りをおかして、それに引きずられてしまう場合は決して少なくない。悲劇が始まるのは、指揮官がどうやってその誤りを正すかがわからないときである。ビヨットは舞台から消えたとはいえ、新しい精神が司令部に吹き込まれると感じる者は一人もいなかった。おそらく彼の過ちは誰にも否定できないが、それは指揮官という一派には共通のものだった。北部の戦線は厳しい教訓を与えたが、私たちの指導者は少なくとも戦争のテンポが変わったと納得したのだろうか。フランドルの惨憺たる敗北を逃れて散り散りになった軍隊が戦うことになる、最後の激動の歴史をみれば、答えはわかるだろう。私たちは船に乗って捕虜になるのを免れたのだが、船からはフランスの海岸に、退却や乗船の混乱、あるいは難破でばらばらになった人員が吐き出された。それもみな完全に武装解除されていた。部隊を再び集め、指揮官を配備しなおし、足の先から頭まで新たに装備しなおす必要があった。この再建は困難で、したがってかなり緩慢に進められたのだが、上級司令官はエヴルーからカンまでのびる地帯をその再建の場として選んだ。そのときすでに移動しつつあったソンムの前線は、そこから平均で一五〇キロメートルに満たない地点を通っていた。それはナポレオンの時代にはたいそうな距離だったろうし、一九一五年でもおそらく十分だったろう。しかし西暦一九四〇年については、何も言わないほうがいい。ドイツ軍はそれを十分に見せつけてくれた。そこでまもなく南に進路を変えざるを得なくなった。まずはしきたり通りわずかな距離を、それからもっと遠くまでである。しかしすでに壊滅は始まっていた。実際のところ私たちが集結するのに適したところは、ガロンヌ川ほど南でなくとも、シャラント川だった〔ドイツ軍は六月二五日の時点でフランス中西部のシャラント川まで進軍していた〕。そこからであれば、どの方向に向かうにも都合がよかったし、多分役に立つこともできたであろう。このことを考えると、以前にノルマンディの館でそうだったように、私はまだ怒りで心がうずく。経験がこれほど明らかに教えてくれることに、これほど無関心であるのは驚くばかりだが、その犠牲者は私たちだけではないはずだし、また私たちが最も嘆かわしい立場におかれたのでもないはずだった。ソーヌ、ジュラ、そしてライン方面へと進撃するドイツ軍には、東部のフランス軍を包囲し、さらにアルプス軍まで包囲するほどの時間的余裕があった。戦争の最初から最後まで各参謀部のメトロノームは、あまりに遅い拍子で打ち続けたのである。**

* 私はここに、そのときの訪問について聞いたままのことを記したい。英仏戦争委員会に提出された彼の五月二二日の報告書（*Les Documents secrets de l'État-major français*, p. 130）をよく理解できているならだが、ヴェガンはゴート卿には会うことができなかったようである。（一九四二年七月）

** 「一九三七年二月二日、ダラディエは国民議会で、国防省のあるサン＝ドミニク街にもどってくるとき、四年前に設置した軽装甲の機械化師団を一つも見なかったのは残念だと述べている」。

上級の権威は、戦線に間近な後方を私たちの避難所《アジール》にするなどという過ちをおかしたが、奇妙な精神的動脈硬化とでも言うべきものは、上級の権威に限られたものではない。そのことを、いま一つのエピソードが私に示してくれた。それ自体では何ら実際の影響力はないが、意味深いエピソードである。第一六軍団司令官が、あまたの波乱を越えて軍の再統合の任務を負わされて以来、することもなく疎んじられていた第一軍の参謀部は、カンの南方にある二軒の離れた屋敷に遠ざけられた。五月一五日に私たちはようやくレンヌ行きの命令を受けた。移動は一部は鉄道で、一部は車でなされることになった。しかし自動車の数が少なかったので、まず鉄道で移動するよう指示された分遣隊を駅まで送るのに使われた。夕方ごろ、このピストン輸送が終わったとき、私は同僚の一人と中佐に会いに行った。私たちの間では最も高い地位にあった人物である。私たちはこれ以上遅らせることなく、出発しようと提案することで意見が一致していた。実際、ドイツ軍の機械化縦隊がノルマンディに侵入し、とくに南部への交通手段をおびやかしているのは、誰もが知るところだった。もし機関銃を装備した装甲車とでも不意に出くわしたりしていたら、武器としてはいくつかの拳銃しか身につけていない将校の一行は、さぞ見劣りがしただろう。私たちは愚かにもあっという間に捕えられる危険を冒していたのであり、そうした考えで極度に不快になっていた。中佐はいつもの癖で、言い逃れから始めたのだが、レンヌに夜到着するのは具合が悪いと考えてはいた。この安逸を求める気持ちから、ついに明け方に空が白むのを待って陣をたたむことを決定した。事実からすれば、私たちはひどい目には会わなかったと言わなくてはならない。とはいえ軽率な言動が少しはましだったということはない。もっと高位のある司令官は、オワーズ河畔で突然食堂が緑色の制服に取り囲まれるという災厄に見舞われたというが、これを単なる噂だと片づけられないのも、軽率な姿勢が残っているからである。

いずれにしても、私たちはこの戦争の間、どこに敵がいるかわかったためしがあるだろうか。司令官たちは、敵の真の意図をしっかりと把握するどころか、おそらくはもっと悪いことに、敵の物質的能力すら知らなかった。当方の情報部局がよく組織されていなかったことが、十分その説明になるだろう。しかし、その時々において敵の動きがつねに把握できなかったのは、何よりも距離の捕捉の仕方が誤っていたことに原因がある。私たちの進軍はあまりに遅く、また精神にも機敏さが欠けていたので、敵がそんなに速く前進できるとは考えられなかったのだ。五月二二日にランスを発つとき、総司令部は二つに分かれることを決めた。活動中の戦闘司令部はエステールに、「重」組織はより戦闘から離れていると思われたメルヴィルにおかれた。「後方」と称された梯隊の方が、「前線」と称された梯隊より実際には射撃の行なわれていた場所にずっと近かったのだが、体験からそうと認めざるを得なかったときの驚きは、たいへんなものであった。ムーズ川方面で激戦が始まるや、すでに途中で一箇師団の上陸地点を急いで修正するよう力を尽くすはずだったのだが、結局ポケットの穴をふさぐという口実で、この師団を狼の口のなかに投げ込むところだったのである。

フランドル地方では、こうしたたぐいの誤算が増加した。師団長が、戦闘司令部として指定された地点に近づくと、敵がこの師団長より先に行っているのに気づいたことがあった。思い出すと今でもぞっとすることがある。ある日、私はある悲劇を引き起こした張本人になるところだったのだ。僭越ながら、罪のない張本人といってもよいかもしれない。というのは、そのとき以上の情報を手にするすべがなかったのだし、参謀部の他の部署がもっている情報を必要なときに私に知らせなかったのは、確かに私の落ち度ではなかったからだ。私は輸送軍駐留所のある中隊に、宿営地の変更命令を出させていた。安全のためには、その前の地点ではあまりに軍の東側の戦線に近いと判断されたからである。ところが命令が伝達された後になって、南西から迫ってくるドイツ軍が、選んだ村をすでに占領しているとわかった。奇跡的にも中隊は、渋滞のために目的地に着くことはなかった。自動車輸送部隊の一部には、そんな幸運はめぐってこなかった。というのは軍があてがった駐車場の付近で機関銃の攻撃を受け、みなその場で惨殺されるか捕虜になるかしたからである。

さらに、フランス領内で海への道が切断されているのをどうやって知ったのか、忘れることはできないだろう。すでに何日も前から、ラシャンと私は燃料廠の大部分を、海岸近くの宿営地に送り返していた。固定の集積所は徐々にリールにしかなくなりつつあったし、もし部隊が偶然に道で容器を積んでいる車輌を見つければ、その隊に好きなだけ補給させるのが一番簡単なのだから、この業務の人員はほとんどみな無用になっていたのである。それで私たちのところにだけ、分遣隊の少数の兵士と、大半は軍団との連絡を確保するための将校をおいていた。ところがいたる所から敗れた軍が集まってきて、場所もどんどん狭くなっていった。そのため異なる部隊の戦闘司令部が結局はとても近くなり、一廻りかふた廻りですべてを簡単にまわれるようになってしまった。そうなると、実際に必要である以上の将校を、捕虜になるという差し迫る危険にさらしておくのは、あまり賢明には思われない。そこで私たちは五月二六日の夜、それらの将校の一人に、翌日、燃料廠の大部分を奪還するよう命じることに決めた。ところが二八日の朝、私はその将校がステンヴェルクにもどっていくのを目にした。指示された経路を行く途中、ステンヴェルクとカッセルの間で彼はドイツの戦車に出くわしたのだ。この情報は重大だった。私は即座に司令官たちに知らせるべく、専念した。「フランス軍の戦車でないのは確かなんだね」。私たちが話をした第三部の同僚がこう尋ねた。Fは、目の前でこの戦車隊とわが軍との間に銃火が交えられたことだけからしても、味方ではないと考えるのはもっともだと抗弁した。次に私たちは彼をプリウ将軍のところに連れて行ったが、プリウはさほど疑い深くはなかった。

彼は身じろぎもせずに、この情報を受け取った。しかし私はいまでも、もしかの勇敢な中尉が偶然にもそこを通っていなかったら、この情報が入るまで、さらにどれほどの時間待たせられただろうかと自問するのである。

以上のような見方を最上層だけに限定するのは、確かにさほど公平とはいえないだろう。一般に戦闘部隊において、ドイツ軍の移動の速さについて予測することも、それに合わせて行動することも、指導部以上にできたわけではなかった。しかもこの両者の能力の欠如は、密接に結びついていた。情報の伝達が、下から上へも、上から下へも、きわめて悪かったからだけではない。部隊将校たちの大半は、理論の緻密さにも欠けるが、結局のところ参謀部の仲間たちと同じ学校で養成されたのだ。戦闘の間じゅう、ドイツ軍はいるはずがないところに姿を現すという、厄介な習慣を守り通した。彼らは遊びでそうしていたわけではない。私たちは春のはじめごろ、ランドルシーで「半固定」の燃料集積所を建設しようとしていた。このすばらしい考えは総司令部から出たものだが、紙の上でしか決して実現しないたぐいの戦争である。五月のある晴れた日、その設営に当たった将校が、道で戦車の分遣隊に遭遇した。彼はその独特な色から判断した。何と、彼はフランス軍で使われているすべての戦車の型を知っていたというのか！　何よりその隊列は、彼から見ると奇妙だった。それはカンブレに向かっていたのだ。もちろんのこと、「前線」は反対の方向だったのにである。小さな町で、道がやや曲がりくねっていたので、嚮導《きょうどう》が反対の方向に進めてしまったのではないのか。正しい道に向けさせようと、彼がこの戦車隊の後を走っていこうとしたときだった。もう少し思慮深い誰かが叫んだ。

「気をつけろ！　ドイツ軍だぞ」。

したがってこの戦争は、驚きの連続だった。このことが士気の面で与えた影響は、きわめて大きいと思われる。私はここで、微妙な問題に触れようとしている。しかもおわかりのように、やや間接的な印象しか述べることができない。しかし必要なら容赦なく、言うべきことは言うのが重要だ。人間とは、予見されたところで予見された危機に立ち向かうのに緊張するよう、作られている。穏やかだと言われていたはずの道の曲がり角で、死の脅威が突然現れるようなことには耐えきれないが、予見したことには、それよりずっとたやすく立ち向かえる。私はかつてマルヌの闘いのときに、すさまじい爆撃のなかで勇敢に戦列に加わった部隊が、翌日にはパニックに陥ってしまったのを見たことがある。給水のとき、道端に叉銃を解いたところ、その道沿いに三発の砲弾が落ちただけなのにである。しかも傷ついた者は誰もいなかった。私はこの五月から六月に、何度となく「われわれは出発した。そこにドイツ軍がいたからだ」といった言葉を聞いた。つまり翻訳するなら、ドイツ軍などまったく予期していなかったところ、ドイツ軍が来るだろうなどと思わせるものが何もなかったところに、という意味である。したがって、ある種の気力の衰えというものは否定できないと私は思うが、それはあまりに長い待機期間に由来して起きたといえる。長い待機期間に合わせて、頭脳の準備をしてしまったのだ。フランス軍の兵士は打ち破られてしまったが、それもある程度までは、あまりに簡単にやられるがままになっていたといえる。それは何よりも私たちが事後的にしか考えなかったからである。

敵との遭遇は、その場所も時間も予想外のことが多すぎた。しかもそれだけではない。その大半が起きたのは、司令部も、それゆえに兵士たちも、あらかじめ備えてはおけなかったような形であったし、そのように起きる頻度は徐々に増した。一日中、壕から壕へと発砲し続けてもよかっただろう。前の大戦のときも、アルゴンヌでわずか数メートルの距離で、そういうことをしたものだ。ちょっとしたもち場の奪い合いも当然だと思っただろう。迫撃砲《ミネン》でだいぶ破られた鉄条網の後ろで、覚悟を決めて、敵の攻撃を撃退できると感じたことだろう。あるいは、おそらくは不完全にではあるがすでに大砲で破壊された陣地に、自ら勇敢に攻撃に出られると感じたことだろう。いずれの側においても、すべては長いこと熟慮した戦術上の立派な考えに基づいて、参謀部が決定することだった。平坦な土地で、突然に戦車隊に出くわしたときのほうが、ずっと恐ろしいようにみえる。ドイツ軍はほぼいたるところを、道路を横切って走りまわっていた。地面の様子を探りながら進み、抵抗が強すぎると判明したところでは立ち止まった。その反対に「柔らかな地点」に出会うや突き進み、戦果を利用しながら時宜にかなった作戦を展開した。というよりは、どうみてもヒトラー精神にきわめて特徴的である体系的な日和見主義にのっとって、あらかじめ練ってあった多くの計画案のなかから選んで進んでいたにちがいない。ドイツ軍は行動と不測の事態というものを信条とし、フランス軍は動かずにいることと既成事実とを信条としたのだ。

　この点については、私も参加を命じられた戦闘における最後のエピソードが、最も意味深い。それは経験から、私たちが何がしかをまさに学び始めたようにみえたときだった。すでに、ノルマンディから撤退してくる部隊を受け入れて、ブルターニュを防衛することが決定されていたが、他方、パリの西に敵が進軍し、ロワール川方面に撤退した軍との間が断ち切られていた。みな何を考えていたのだろうか。工兵隊の名誉ある将軍が一人、ノルマンディとブルターニュ、双方の海の間に「陣地」を確認しに急ぎ派遣された。というのも、前もって地図の上で、次いで実際に地面に杭を打って、防衛の戦線、前哨の戦線、抵抗の戦線というように、連続する「陣地」を築いておかなければ、これを維持する方法もないではないか。確かに私たちには、土地を組織するのに必要な時間も、将来の堡塁に装備するに十分な数の大砲もなかった。かりに大砲が見つかったとしても、それに必要な弾薬がなかった。後で聞いたのだが、こうしたことの結果、フジェールで幾度か機関銃射撃が交わされた後、ドイツ軍は戦わずしてレンヌに入った(私たちの防衛線はレンヌを守るべきだったのだが)。ドイツ軍はブルターニュ半島全域に広がると、大量の捕虜を手にしたのである。

ということは、まさにそのとき、つまりペタン元帥がドイツに休戦協定を申し入れていると述べたとき、いかなる防衛も不可能になったということなのだろうか。そうではないと考える将校は、一人や二人ではなかった。とくに年少の将校がそうだった。というのは、事態が急展開してから、それぞれの世代を分け隔てる一線が徐々にだがくっきりと浮かび上がってきたからだ。しかし不幸なことに指揮官たちの世代の脳動脈が、最も柔軟なわけではなかった。私は今日でも、一九一八年に言われた言葉を使えば、「徹底抗戦派」が間違っていたとは思わない。彼らは近代化された戦争を夢想していたのだ。ただそれは、ふくろう党(一七九二年からフランス西部を中心に断続的に起きた反革命的な農民の運動の呼称。蜂起した一人につけられたあだ名からこう呼ばれる」のようなゲリラ的蜂起で、戦車や機械化部隊と戦うようなものだった。私の思い違いでなければ、そうした戦闘の計画まで立案した者もいるが、それはいまや書類の間で眠っているに違いない。敵はオートバイをきわめて有効に使っていたが、オートバイはきちんとした車道でのみ、さしたる事故もなく速く走ることができる。小型の装甲車でも、原野の真っ只中よりは砕石舗道の方がスムーズに移動できた。大砲や標準型のトラクターなどには、それ相応の道が必要である。

ドイツ軍は、速度についての計画に忠実で、ほぼ集中して接触部隊を道路に送りこむようになった。したがって、何百キロにもわたって延びる陣地で守る必要はまったくなかった。このような陣地は装備を整えるのはほとんど不可能だし、恐ろしく簡単に標定されてしまっただろう。その反対にいくつかの抵抗の拠点が、主要道路沿いにいい位置を占め、しっかりと偽装され、十分な機動性があり、機関銃や対戦車砲、あるいは威力は弱いが七五ミリ砲でも備えていれば、どれほどの被害を侵略者に与えたことだろうか。レンヌで、大半がオートバイで構成されたドイツ軍の隊列が、セヴィニエ通りを穏やかに通り過ぎていくのを目にしたとき、私は自分のなかに昔の歩兵としての感覚が甦るのを感じた。それも何の役には立たなかった。というのは私たちには秘書と燃料廠の人間しかおらず、しかもばかげたことに、戦闘のはじめから誰も武器をもっていなかったのである。それでもこのブルターニュの土地の、落とし穴に適したどこか森の片隅で、例の呪われたドイツ軍の縦隊を待つのは、なかなか魅力的であったろう。かりに歩兵中隊のみすぼらしい兵器しかなくてもである。ついで敵が混乱に陥ったら、速やかにもとの場所にもどって、さらに先でまた繰り返したであろう。私たちの兵士の四分の三は、そうした遊びにすぐさま夢中になったと私は確信している。しかし残念ながら、規則にはそうした遊びは想定されていなかったのだ。

この加速された戦争は、無論のこと相応の物資を必要としており、ドイツ軍はそれを手に入れていた。だがフランスは違う。少なくとも十分ではなかった。これは繰り返し何度も言われたことである。戦車が十分ではなかった、飛行機が十分ではなかった、トラックが、オートバイが、トラクターが足りなかった、それで私たちは基本的な部分からして、本来すべきような形で作戦を展開することができなかった、というわけだ。このことは、何ら否定のしようもなく確かである。しかもこの嘆かわしく致命的な欠乏は、とくに軍事的なレベルの原因に限られていたのではない。*この点についても、しかるべきときが来ればすべて話すことができるだろう。しかしある事柄についての過ちは、他の過ちを免じることにはならないのであり、上級司令部にしても、自分が無罪だと自己弁護するのはいい気持ちがしないだろう。

＊　今日では私は、この物資が、不十分な手当ての仕方だったとはいえ、言われていたほど足りなかったのではないことが、よりよく理解できる。前線では不足していた。しかし後方では、倉庫で動かないままになっていた戦車や、決して飛ばなかった飛行機があった。それらは部品ごとに分解されていることもあった。ドイツ軍がパリに向けて進軍していたとき、ヴィラクブレーでは何が起きたのか。耳にしたことだが、空を飛ばせることができる飛行士がいなかったので、飛行機をその場で破壊しなければならなかった、というのは本当だろうか。私にはとてもそうだったとは思えない。民間の一飛行士で、しかるべく動員され

ながら、戦争の間じゅう一度も軍用飛行機に乗る許可を得られなかった者を私は知っている。

もしよければ、戦略上の罪に話を進めよう。この戦略のせいで、北部戦線の軍は直接に敵の手に、あるいはフランドルの海岸に、一箇軍の機械化三箇師団、軽機甲三箇師団、牽引砲兵数箇連隊、全戦車大隊のすべての装備を放棄することになったのだ。これらがあれば、ソンムやエーヌの戦闘ではどれほど役に立っただろうか。この見事な一式が、武装せる国民が手にしていた最良のものであったのは、間違いない。しかしここでは戦争準備についてのみ問題としたい。第一に、私たちには十分な戦車や飛行機やトラクターがなかったが、それは何よりも、北部や東部の国境線を十分に強化する知恵もなく、融通の利く資金や労働力も決して無尽蔵にあったわけではないのに、みなコンクリートに蕩尽してしまったためである。第二に、マジノ線に全幅の信頼を置いていいと私たちは教えられていた。だがマジノ線は莫大な資金を使い、強力な宣伝の後押しを受けて建設されたものの、結局は左側については十分な長さにせずに打ち切られたために、ドイツ軍は方向を変え、ライン川方面から攻撃を開始することになった(しかしこのライン川を渡るという驚くべき物語については、私は新聞に書かれていることしか知らない。つまり何も知らないに等しい)。第三に、最後のときになって北部にコンクリートの小要塞をあわてて作るのをよしとし、しかもこの要塞は前線に対してのみ効果的な防御が見込まれていたので、結局は背後から奪取され、その結果私たちの部隊はカンブレとサン＝カンタンを守るために、全力を注いで素晴らしい対戦車壕を掘る羽目になった。おまけにカンブレとサン＝カンタンを発したドイツ軍に、ある日その壕も襲われてしまった。第四に、空論家の間に一般に流布されていた理論によれば、防御の鎧は大砲の威力に優越するという、戦略史の一時期にいま到達しているのだという。言い換えれば、強固に要塞化した陣地は攻略不可能であるということだが、決定的な瞬間に、司令部は一つの理論に頑として忠実である勇気すらもたなかったのである。その理論に従っていれば、少なくともベルギーの戦闘《アヴァンチュール》は前もって非難されていただろう。第五に、戦術に精通した多くの教授たちが、機械化部隊を警戒していたこともある。* 動くには重過ぎるというのである（事実、計算からすると移動はとてものろいものとされた。安全上の理由から、それは夜間にしか動かないと考えられていたからである。だが速度を競う戦争はみな一様に、白昼に起きた）。第六に陸軍大学の騎兵の授業では、戦車は防御にはまあまあ使えるが、攻撃に際してはほとんど何の価値もないと教えられていた。第七に技術者や、自称技術者たちが、砲兵による攻撃のほうが飛行機による爆撃よりも効率的だと評価していたことがある。大砲はずっと遠くから砲弾を運んでこなければならないのに対して、飛行機は自身で飛んで、砲弾を装着することができるなどとは、考えもしなかったのである。以上を一言で言うならわが軍の司令官たちは、山積する矛盾のなかで、一九四〇年において、一九一五〔ママ〕―一九一八年の戦争をそのままなぞるつもりだったのだ。ドイツ軍のほうは、一九四〇年の戦争をしていたのにである。**

＊　「まさにその性質からして、軍事教育は強固に階層化されており、順応主義《コンフォルミスム》の要素が多分にあった」(Paul Reynaud, *Le problème militaire français*, 1937)。

＊＊　機械はできたてのものだ。おそらくはそれゆえに戦略の教師たちは、それをあまり好まなかったのだ

ろう。フランスでは少なくともJ・ド＝ピエールフが最近次のように書いている(*Plutarque a menti*, p. 300)。「フランス人に飛行の驚異を知らしめたかの有名な「東方周航」に、『マタン』紙からはロベール・ド＝ボプランが派遣された。彼はこの華々しい飛行の後で、第一〇軍団司令官であったフォッシュ将軍と交わした驚くべき会話を、私に語ってくれた。マルゼヴィルの高原で、随行の一団が車に帰って行くと、フォッシュは親しげに腕を取ってこう言ったという。「見たかね。これはみんなスポーツなんだ。しかし軍にとって、飛行機はまったく価値がない」」。この言葉は、機械化の危険についてのペタン元帥の有名な序文と、比較できるだろう。戦略家ですら教訓を学ぶ余裕があったのは、一九一四年から一九一八年の間だけのようである。(一九四二年七月)

ヒトラーは闘いの計画を立てるにあたって、心理学の専門家を周りに配していたという。この描写が真実かどうか、私にはわからない。だが信じられないことだとは思われない。確かにドイツ軍があれほどの技量をもって行なった空爆は、神経の感受性とそれを動揺させる手段について、入念な知識があったことを示している。地面に「刺さっていく」かのような、飛行機のうなる音を一度でも聞いた者なら、決して忘れることはないだろう。飛行機はまさに地上を爆弾で覆いつくそうとしているのだ。このきんきん響く長い叫びは、単に死と廃墟のイメージと結びついているから恐ろしいのではない。この叫び自体が、あえて言うなら、そのまさしく音響学的な性質から、生けるものすべてを引きつらせ、パニックに陥らせるのだった。しかもこの響きは、あわせて作られた振動器で、わざと音が増幅されるようになっていたという。空爆はドイツ軍にとって、破壊と虐殺の手段だとしか考えられていなかったからだ。爆弾の落下地点がいかに密集していると思っても、弾丸は比較的に少数の人間にしか命中しない。ところがそれとは反対に神経に与える衝撃は、きわめて遠くにまで広がり、広範囲にわたって軍隊の抵抗への能力を著しくそぐ。敵の司令部が私たちに向けて、飛行機による波状攻撃をしかけてきた主要な目的がこのことにあったのは、疑いない。結果は敵の期待を上回るほどだった。

今回の戦争に関連して、今一度取りかからなければならないテーマがあるのだが、簡単に触れようとするだけでもためらいを覚えてしまう。ただ真の戦闘員にのみ、危険や勇気、そして勇気への迷いについて語る権利があるからである。それでもここで率直に、短い経験について詳しく記すことにしよう。一九四〇年の戦火の洗礼は五月二二日、フランドルへ行く途上だった（一九一四年の洗礼はマルヌの闘いだった）。ドゥエやランスの周辺といったかなり遠方の爆撃は、数に入れていないからだ。その日の朝、私の車輛も入っていた輸送隊は、次々と飛行機からの機銃掃射を受け、さらに別の飛行機から空爆を受けた。機銃掃射では私から遠くないところにいた男が一人殺されたが、私には大きな印象を残さなかった。死に隣りあわせるのは、決して心地よいものでないのは言うまでもない。これらの攻撃が終わったとき、私は当たり前だがとても満足感を覚えた。他方で私の不安感は、本能的というよりは、最初から最後まで理性的なものだったと思う。言うなればそれは落ち着いた恐怖であって、真の恐怖には似通うところがなかった。空爆は、私の知る限り、少なくとも私の近くでは犠牲者を出さなかった。とはいえ私はやはり呆然としていたし、空爆の間身をかがめていた壕から立ち上がったとき、壕のなかでは見苦しくも身震いしていたことを認めざるを得なかった。戦闘の終わりごろには、何度か砲撃を受けた。他の砲撃もすでに経験しているので、その激しさを誇張するつもりは毛頭ないのだが、いずれもかなりの規模だった。それでも私は何の苦もなくこれらの砲撃には耐えたし、冷静さも失わなかったと思う。それに対して空爆のときは、相当の努力を払わなければ、同じように平然とした気持ちを保つことはできなかったのだ。

おそらく私の場合には、反射作用が身についていた部分があるのだろう。一九一四年のアルゴンヌの会戦から私の脳には、ミツバチのような弾丸の唸り声が刻み込まれている。レコードが廻りだすと、その盤の溝のなかで音を出そうと待ち構えている音楽のようだ。また弾丸の音を聞いて、それがどういう弧を描き、どのあたりに落ちるかを判断する術をもっていたが、二一年間でそれを忘れてしまうほど私の耳は悪くはない。ただ空高くから爆撃を受けたのは、きわめてまれだったのであり、この危険を前にしては、私は新兵たちとほとんど同じ新米だった。しかし以上に記してきた三つの型の感情の間にある温度差は、あまりに漠然としているので、より個人的でない、またより深い理由を見分けなければならない。敵の飛ぶ上空には、友軍の戦闘機の姿がほとんどいつもなかったこと、そのために敵の爆撃機は安全が嘆かわしくも確保されていたこと。これらがフランス軍の意欲をそぐのに大きく関係していたとしても、それですべてが説明されるわけではない。

空爆はそれだけで、兵士がさらされている他の多くの脅威よりも、現実に危険度が高いわけでは、おそらくない。少なくとも野外においてはである。家のなかでは壁の崩壊や、閉じ込められた空間に波動を反響させあう空気の振動によって、つねに本当の殺戮に行き着いた。それに対して遮蔽物がないところでは、さしたる砲撃でなくても、少なくとも同じ程度の犠牲者は出しただろうし、機銃掃射となれば、文字通り誰一人として容赦しないものだった。私たちは戦闘の初日から、敵機による犠牲者の数が相対的に小さいことに驚いていた。前線からもたらされる損害報告は、大いに色をつけられて敵の行動を知らせてきていたとはいえである。しかし、この空から落ちてくる爆弾は、激しい恐怖を起こす力をもっている。それはまさに空から落ちてくる衝撃のみがもつ力である。

爆弾は非常な高さから落ちてくるので、あたかもまっすぐに落下してくるかのように見える。重量と高度が組み合わされて、目に見えて恐ろしいほどの勢いが加えられており、いかに強固な障害物でも耐えるのは無理だと思われる。このような方向からの攻撃が、このような力に倍化されると、そこには何か非人間的なものが生じる。自然の大変動を前にしたときのように、この猛威の前に兵士は頭をたれ、まったく防御手段がないと考えてしまう(実際には壕に入ったり、あるいは単に「身を伏せる」ことでも間に合うように行なえば、かなりよく破片から身を守ることができる。一般的に破片は大砲の砲弾のものより数が少ない。言うまでもないが、直撃弾は別である。しかし飛行機にしろ大砲にしろ、古参兵が言うように「脇には多くの場所がある」のだ)。騒音は耐えがたく、無統制で、極度にまで苛立たせる。先に話をした、意図的に強められた音もしかり、骨の髄まで体を揺さぶられるような爆音もしかりである。この爆音自体が、途方もない激しさで周囲の空気を揺るがし、引き裂かれるようなイメージを精神に押しつける。無残にも寸断され、爆発で生じたガスのせいで恐ろしいまでに醜悪になった死体の情景が、このイメージをきわめてよく示している。人間とはつねに死を非常に恐れるものだが、そこに自分の肉体が全面的に粉砕されるというような脅威が加わるなら、これ以上に死の観念が耐え難いときはないであろう。自己保存本能といえども、これほど非論理的な形ではないだろう。いずれにせよ、これほど深く根を下ろしているイメージもない。もしも真の戦争がもっと続いていたら、おそらくはフランス軍も空爆への恐怖に直面して、慣れというものをもう少しは身に着けたであろう。この慣れこそは、危険に立ち向かうに際して、ほぼ欠かすことのできない要素の一つなのである。よく考えてみれば、物的効果は確かにすさまじいとはいえ、比べるものがないわけではないと理解されただろう。他方、速度の戦争においては、ドイツの心理学に基づく計算は当然のことながら的を射たものだった。しかしフランスでは、戦略について意見を聞くために、奇妙にも感情を測ることに専念する学者を何人か、その研究室から引っ張り出して来たらどうかと提案をしただけで、参謀部ではどのような嘲笑が起きたことだろう！

参謀部の混乱ぶりについては、どの程度なら語ってよいだろうか。習慣というものに、集団や司令官によって大きくばらつきがあっただけでなく、混乱という言葉そのものの使い方が微妙である。なぜなら秩序は一種類しかないのではなく、したがって無秩序も一つではない。私が経験したすべての参謀部は、ときにはうるさいほど細部においてまで、きちんとした「書類」を崇拝していた。文字は丹念に並んでいなければならない。文体は厳格に伝統的な手法に沿っていなければならない。表があればその数字は、閲兵式のときのように列ごとにきれいに書き込まれている必要がある。文書は発信、着信ごとに仕分けされ、記載されている必要がある。要するに、これが秩序の官僚的形式とでも呼ばれうるものだろう。こうした形式は、平時において、大いに官僚的な生活様式に向けて仕込まれた人びとの間でもてはやされるなら、これ以上自然なことはない。私はこうした形式を軽蔑するつもりはさらさらない。それは精神を明晰にし、時間の浪費を妨げる。ただ書き物に対する潔癖さというこの評価すべき配慮が、場所に対して行き届いていないのは残念である。私は要塞化された区域の、ある参謀部が勤務していたところほど汚れて悪臭のする場所は見たことがない。しかしもしその中隊の准尉がその部屋に、ボアンで私たちの机や戸棚を覆っていた埃の半分でも積もらせたなら、その地位に長くはとどまれなかっただろう。確かに私は、いくつかの省の非常に文官的な控え室を知っているが、それらがここより魅力的な外観を呈していたわけではない。しかしこれは弁解ではない。些細なことをあげつらうといって、私は非難されるだろうか。正直言って、物事をおろそかにする態度を評価するのは難しい。それはたやすく知性にも伝染するからである。これこそフランスの「再建」に提案すべき、意味のある改革ではないか。

参謀部の文書や表の行政官的几帳面さは評価すべきだが、これには別の面がある。几帳面であるためには人手を浪費した。もっとうまく使おうと思えば利用できたはずの人材である。私は予備役の仲間うちで、高級官僚や大企業の経営者などに会ったが、みな私と同じように、本来ならば最も下級の部下に任せたであろうはずの書類作りの雑務を強制されることに、面食らっていた。私は一軍の給油の任を負っていたので、何カ月もの間、毎晩、自分で数字を計算していた。実を言うとさほどの時間を取ることなく、算術の訓練には磨きがかかった。最初はややとまどったことは、白状しておこう。

しかし一度簿記の原理を作り上げてしまえば、どんな書記でも私と同じようにうまくやってのけたにちがいない。私の例は、何ら特別なものではない。誰も「秘密」という原則は引き合いに出さないでほしい。私の下書きは、単なる一兵卒が清書したからだ。その上、私たちの仕事部屋には軍の弾薬置き場、燃料集積所、兵站の駅などのあらゆる地図が壁に並べられていたので、誰かスパイがいたなら部屋を数分間歩きまわっただけで、きわめて貴重な情報を手にすることができただろう。参謀部の実態は、ある種の会社に似ていた。つまり上にはそれぞれ部長がいて、それは軍で言えば将校に当たるのだが、下にはタイピストがいるのに、その中間にはいわゆる従業員が一人もいないのだ。しかし予備役の下士官のなかから、こうしたタイプの優秀な協力者を募るのは、どれほどたやすかったかと思われる。ところでかなりな重責を担い、率先してことに当たる鋭い感覚を維持すべき者が、ほとんど機械的な単純作業でつねに気持ちを後ろに引かれているのは、決して好ましいことではない。他方、もしも参謀部がもっと下士官を配下にもっていれば、少なくとも戦闘の心配が迫っていないときは、ある程度は将校の任務を軽減することもできただろう。そうすればそれらの将校たちは、よりふさわしい仕事を自然と見つけることができただろう。

ところが私たちの多くに、またいくつかの内密の話から判断するなら、何よりも実戦部隊に、司令部が作戦に着手するや否定しようもなく無秩序だという印象を、しかも頻繁に与えたのは、どうしたことだろうか。それは私が思うに、事務所から来る静的な命令は、動的でつねに創造的な命令とは多くの点で対極のものであり、動的な命令こそ時代の変動のなかで必要とされていた、ということではないか。一方は慣例と訓練の問題であり、他方は具体的な想像力、知性のなかの柔軟さ、そしておそらくは性格の問題である。もちろんこれらは互いに排除しあうものではない。しかし前者が後者を生み出すわけではないし、注意を怠ると時には準備不足になる危険がある。待機期間はさらに引き伸ばされ、それはフランス軍に最も損害を与えることとなった。というのは、その長い待機期間をかけて、平時のときの習慣として私たちがかくも誇っていたよき秩序を手にしたのだが、その対価はのろい、ということだったからだ。したがって急いで進まなければならないときにも司令官たちは、非常に多くの場合、興奮することと迅速であることを混同してしまったのである。

いずれにせよ、毎日毎日見栄えのいい書類を作成するのに、さほどの努力は必要ない。それよりも行動計画を入念に、そして柔軟に作成する労を取ることを早くから自らに課すという、もっと別の自制心が必要である。その行動計画は、いつ実施されるか不確定なある期日まで待たなければならないし、しかも動揺している時期に生じる新しい必要に、不断に適応しなければならないものだ。一九三九年に最初に動員を目にしたとき、私は大きな危惧を抱いた。動員のシステムは前の大戦後に、原隊による直接編成に替わっていたが、ここでその動員センターのシステムについて論じようとしているのではない。私はこの制度には、上級司令部にいたるまで、一人ならず反対があったのを知っている。この制度はその性質からして、大幅な遅れを出し多大な困難を生み出すのは、避けがたく思われた。衣服や装備の大半は軍団が支給し続けるものの、それらを動員センターへ運ぶのには輸送手段を都合する必要があり、それは不便でかなり時間がかかった。おまけに考えついたことといえば、四〇歳前後の予備役に若い新兵と同じ服装をあてがったり、軽騎兵の馬用の廃棄処分にした重い装具を、徴用馬につけたがったりすることだけのように見えた。結局そうしたことは文字通り解決不可能の問題を、不運な動員センターに、そこが「主要な」ところであれ「従属的な」ところであれ、突きつけただけだった。つけ加えるなら、この仕事は嘆かわしいほどの緻密さが要求されるのに、その司令官がつねに的確に選ばれているとは限らなかった。私は非の打ち所のない能力をもった者たちを知っている。だが停年間近の大隊長や中隊長から選ばれたなかには、古参准尉に共通する欠点をすべてもっている者たちもいた。新しいシステムが認められると、その運用にはきわめて微妙な要素があることがわかってきたが、少なくとも運用は選び抜かれた将校に任せることになったはずであり、この任を何年か務めた将校たちは、特別な名目で昇進できたはずである。だが、一つの任務の価値や重要さは外見が華々しいということでは測れない、という考えは、軍隊ではなかなか受け入れられがたいのである。

この動員センターの体制には、やはり何らかの利点があったと私は思うが、良し悪しはともかく、それによってこの体制の誤りが許されることにはならない。それは原則とは無関係なものである。いかなる将校でも、どこかの軍団管区、あるいは分管区でこの仕事をしたのなら、総動員に先立つ「緊張」期間といわれる時期に、次から次へと「処置」の迷路のような途方もないものが準備されていたのを思い出して、悲しげな笑みを浮かべるだろう。たとえば真夜中に「処置第八一号を行なうべし」といった電報で、寝ぼけた状態で寝床から引き出され、つねに手元においている「一覧表」を参照する。それで次のようなことがわかった。処置八一号というのは、処置四九号に定められているすべての規定を行なうことである。ただし、今後処置九三号が適用された場合の諸規定は除外される。もしも処置九三号が時間的に先に適用されている場合は、四九号の措置に処置五七号の第一、第二条項を付加する、とのことであった。ここに記した番号はほとんど思いつきである。その通りの正確な数字を記憶していないからだ。私の仲間たちは、むしろ私が基本的に単純化しすぎていると思うだろう。しかしこのような状況のなかで、間違いが起きたとして、そのことに驚くだろうか。アルザス、ロレーヌ両州の憲兵隊は、私たちに共通していた手引きを少し急いで読んだために、一九三九年九月、両州三県のすべての伝書鳩を殺してしまったのだ。確かに遠く、陸軍省がある風通しのあまりよくないサン＝ドミニク街で、将校たちは数字に数字を加えながら、あたかも木片を組み合わせるようなゲームを続けていたのだが、彼らなりに想像力に欠けていたわけではない。しかし命令がどう実行されるかを、前もって考えてみるというたぐいの想像力ではなかった。

もっと重大なことがあった。この名高いセンターのなかで、私はストラスブールにあったものを知っている。それはライン川にかなり近い場所だったが、そこは敵の軽砲兵の、さらには機関銃の射程内だった。もう一つはやはり川に近い、その付近の堡塁に場を借りたものだった。そこに行くには、壕にかけられた橋一本を通ればよかったのだ。爆弾か砲弾が一発うまく当たれば、まさに一網打尽というところだったろう。そのようなことは何一つ起きなかった、とおそらくみなは言うだろう。それはそうだ。しかしドイツ軍がストラスブールを砲撃しないと、誰か予想していたのだろうか。こうした配備は、キールの橋頭堡が武装化されない限り支障なかったのだが、後に上級司令部は修正するのを忘れたり、修正しても不十分だったりした、というのが現実である。

そういうことよりは、忌まわしいほど無秩序であった動員について、どうして黙っていられようか。それは私がごく間近で見守ることができた唯一のもので、師団分管区に直属する地域の分隊の動員であった。将軍が指揮を執ったとき、その指揮下に入るべき部隊の一覧表が何もないことに気づいて私たちは驚愕した。恐ろしくごちゃ混ぜになった記録をひっくり返して見つけ出し、どうにかこうにか間に合わせに、出来栄えはむしろ悪いものとはいえ、一覧表を作り上げた。部隊はまさに混沌であった。そして現場では部隊同士が激しく混乱していた。私たちの担当地域では、こちらでは二箇小隊があるのにそれを指揮する中隊長は別の部隊に属している、かと思うと、あちらでは数箇中隊があるのに連隊長がいない、というあり様だった。勇敢なる保線隊は高齢者たちだったが、彼らにはやる気があり、それは物事を切り抜ける力につながった。たとえば彼らのうちきちんとした靴をあてがわれた者はほとんどいなかったが、奇跡的にも空腹で死んだ者はいなかった。また私は、ある小隊の所在を丸一日かけてサン＝ディエへの路上に探し続け、無駄骨に終わったのだが、その小隊がどのような体験をしたのか、知るよしはない。特殊な例から全体を結論するのは、おそらく正しいことではない。とはいえフランスのこの地域では、動員が適切に準備されていたとは考えられない、というのはもっともであろう。基本的には動員は、上級将校が指揮するが、この上級将校は参謀の教育からややぞんざいなやり方を身に着けたようで、動員の仕事の多くが実際には部下にゆだねられたのだ。どうあってもこの例からは、不安を抱かざるを得ない。一九四〇年に、さまざまな過ちが修復されていたことは確認される。しかしすべてが、というわけではない。とりわけ動員センターは変わっていなかった。そして保線隊は、自分たちでより頑丈な靴をもってきたのでなければ、長い間サンダルや短靴のたぐいで敷き砂利の上を踏み固め続けたはずである。

特別に鋭い観察眼などまったくなくても、すでに五月前から第一軍に、いくつかの裂け目が生じているのが認められた。それらは当時ほとんど無害なものだったが、大混乱のなかで紛れもない水路に変貌する恐れはあった。たとえば情報伝達組織の悪さである。

この点に関して言うなら、私は個人的には不平はない。戦闘の間じゅう、私は燃料廠の分遣隊と苦労することなく連絡が取れたし、燃料を供給すべき部隊との連絡にも、たいした困難は生じなかった。ラシャンが巧みに手を貸してくれたことにも大いに助けられた面がある。当然のことながら、私は長官としてのラシャンの特権をおかすことのないよう、可能な限り注意を払っていた。いずれにしても彼は大いなる権限をもってきわめて権威的に振舞っており、それらを尊重するのを怠ろうなどという気を起こす者は誰もいなかった。しかし私は彼よりも情報源に近く、また彼ほど移動がないので、本当に緊急事態になったときには私が軍の命令を直接ラシャンの部下に伝えるということで、私たちは合意していた。こうして階梯を飛び越えることで、少なからず時間稼ぎをすることができたのである。*

情報伝達の準備が悪いと、必然的にそれは恐ろしい目隠し鬼ごっこのようなゲームになる。もう一つの戦争を戦った経験から、私たち二人はそうした状況に健全な恐怖感をいだいており、それは強迫観念になるほどだったのだ。戦闘司令部や燃料廠は頻繁にその場所を変えたが、私たちはどこに連絡を取ればいいか、つねに正確に知っていた。そして規定に外れることではあったが、私たちの部署内では独自の情報伝達システムを作り上げたのである。

＊　実際には私たちが飛び越した階梯は一つではなかった。通常は、燃料廠が軍司令部に所属するのは、軍砲兵総司令官を通してのみである。この軍砲兵総司令官は、下部においては弾薬給油部長である中隊長によって代表されていた。したがって位階制の順序にしたがうと、軍から廠へのすべての命令は、目的の箇所につくまでに二重になった権威を通らなければならなかったことになる。これこそが、ボアンでも変わらず公文書が通っていた道であった。そしてこの回りくどいのろさのおかげで、もっと活発に動かなければならなかったときにも、ラシャンも私もすべきことに専念できなかったのである。幸いにも私たちはしかるべきときに、こうした回り道を短縮することができた。それも関係する将校たちの善意のおかげで、火花を散らせることなくすんだのである。

私の部署には恒常的に、給油トラックの二箇中隊からそれぞれ派遣されてきた二人のオートバイ兵がいた。二人とも自分の属す中隊や燃料廠司令部がどこにあるか、前もって知っておく必要があった。それに加えてラシャンは常時、私のもとに将校をおいてくれていた。その他に燃料廠将校が四人、軍団との連絡を受けもった。四人はいずれも毎日、ときには一日のうちに何回も、相次いで軍の戦闘司令部へ、それから自分の属する軍団へと赴いた。これらの勇敢な者たちは、大半がもうそれほど若くはなかったが、安全とはいい難い道を果敢に歩き回っていた。そうしたなかの一人が、ベルギーで攻撃をした後の最初の退却のとき、二四時間以上も自分の軍団を探し回ったことを私は知っている。彼らはいつも最後にはたどり着くし、何しろ私たちにはきわめて有用であった。五月一一日から三一日まで、私は命令を発したり補給の要請を受けたりするのに、参謀部とそれに付属する部隊との連絡の任を基本とする「郵便」班の力を求める必要は、一度としてなかった。命令や要請がめざすところに届いたことは、その後の情勢からしても、間違いない。なぜなら私の見るところ、ときには砲列線から数百メートルしか離れていないところまで、勇敢にも「ミッキー」(燃料廠の車には敏捷で小さなミッキーマウスの印がついていたので、軍ではこうあだ名されていた)が燃料を運んでいたので、部隊は戦闘で一度も燃料が不足したことはないからだ。また私たちが燃料集積所を敵の手に引き渡すことも、決してなかった。そんなことをすれば、敵はまだ燃料を補給できたであろう。モンスからリールへの退却路すべてに、ラシャンとその部下は、かつてアッティラが放った以上の火を放った。最後の一滴がなくなるまで、タンクが次から次へと火にくべられるようにしたのである。しかしサン＝カンタンの集積所については、留保が必要である。私は今日でもなお、そこがどうなったのかわからない。あまりに急に、また完全に遮断されてしまったからである。私たちの司令官は、経験からすべてうまくいっていることを認め、ほぼ完全に私たちの拘束を早いうちに解いてくれた。少なくともこのことについては、私は大いに感謝している。

それに対して、このように自律的に動けなかったところや、こうした了解の得られなかったところでは、司令部の異なる階層間の接触、あるいは同じ階層の部隊間の接触が、つねに満足な形では行なわれなかったのではないかと思う。私は部隊将校が、あまりに長いこと何の命令もないままにされているのに不満を漏らしているのを、何度も耳にしたことがある。すでにいくつも例をあげたが、確かに参謀部は前線で起きていることを十分には知らなかったし、そして知るのはいつも遅すぎた。私たちも間もなくそうした目に会うのだが、道路はとくに避難民で混雑しており、その間を縫ってどこへでも走れる唯一の手段といえば、オートバイだけだった。私の間違いでなければ、軍の郵便班にはオートバイは一台もなかった。私たちの自動車の数自体が不十分だったし、しかもその振り分けの仕方もまずかった。私たちの多くは冬に入るころには、こうした状況に危機感をもっていた。それは何よりも組織と監督の欠陥から生じているからである。しかし誰にも解決策はなかった。その結果は、戦闘の間に火を見るより明らかになる。

活発な戦闘が始まるとすぐに、軍の戦闘司令部がボアンからヴァランシエンヌに移転したのは、覚えておられるだろう。もちろんフランス軍が入り込んでいたベルギーとの距離を短縮するためである。私は一一日の午後早くにヴァランシエンヌに着くと、さっそくモンスに向かう準備に掛かった。モンスに置かれていたベルギーの参謀部と、燃料集積所の徴発について取り決めをするためである。これが急を要する件であることは、双方とも了解していた。ところが私たちの車輌はすべて移動のために、表向きは使われていることがわかった。司令部のかつての場所と新しい場所との往復のためである。私はまったく動くことができなかった。前方の道路をこのように塞がれることになるのであれば、ボアンを離れたことにどんな益があったのだろう。幸いにも私はその日のうちに、リールの親切な公証人の訪問を受けた。彼は輸送隊指揮官の副官で、私に石油をもらいにきたのだ。私は大胆にも「取引をしましょう。車をくれないなら、石油は渡せません」と答えた。取引は成立した。ついに私はモンスに向かって出発したのだ。この教訓は役に立った。少し前に述べたように、こうして私は自分自身のための連絡経路を作ったのだった。

おまけに命令が間に合うように届いたというのは、何という奇跡だろう。軍自体が、それぞれの部隊とどこで連絡を取れるかわからない場合が多かったのだから。ある日、騎兵軍団が行動を起こしたとき、燃料廠の連絡将校はいつものように、この大事な得意先に接触しようと出かけていった。彼がもどってくると、私は第三部へ連れて行った。私たちの立派な戦略家たちが、新しい戦闘司令部の場所を正確に知っているかどうかを確かめておくのが、賢明に思えたからだ。その結果、実際の所在地と彼らが地図上に木炭で記してあった地点との間が三〇キロは離れていることを、認めざるをえなかった。私の耳にはまだ口先から投げつけられた「すまない」という言葉が残っている。それが私たちがしたことへの報償なのだった。横の連絡も、同じように不確かだった。少し後に、私はラシャンをイギリス軍の参謀部に急ぎ向かわせる必要に迫られた。ことは重大だった。リールの集積所の破壊が問題になっていたのだ。ゴート卿の総司令部はどこにあるのか。もう一度私は第三部の恐ろしい敷居を踏み越えて、聞きにいった。するとBは眉一つ動かさずに、何も知らないと答えたのだ。幸いにも私はあたりに散らばっていた紙切れを手にすることができた。そこにはいくつかの似たような指示のなかに、私の聞きたいことも書いてあった。私の同僚たちには、自分で思っている以上にしっかりと情報が届いていたのだ。とはいえ作戦の責任を担う将校が、基本的な地形の報告がないために、私たちの左側で即座に戦闘に入らなければならない連合軍の司令部との連絡手段を奪われているのである。

こうした事実に、一瞬でも耐えうるということ。しかも鼻にかけるかのようにこうした無知を冷静に、また平然と認めるということ。このような特徴は、私たちがなすべき仕事の条件について、雄弁に語っているのではないだろうか。

さらに言うなら「イギリス軍」との協力をこれまで組織できたことが、そもそもあるだろうか。言葉そのものの意味において、私たちの連絡経路がいかに致命的に不十分か、これほど過酷な形で現れたときはないだろう。

ところが同盟が失敗した問題は、あまりに複雑である上、あまりに熱く醜い論戦を引き起こしたので、間接的にしか取り上げられてこなかった。今こそ勇気をもって、真剣に取り組まなければならない。少なくとも私が経験した範囲において。

私はイギリスに親しい友人たちがいる。私がイギリス文明に接することができたのは、彼らのおかげである。私はイギリス文明に大いに気持ちを惹かれたし、長いこと強い関心をもってきた。さらに今日では、イギリスの友人たちをかつてなかったほど心から近しく感じる。彼らが命の危険を冒して、同胞たちと大義を守ろうとしたのを目にしたからだ。その大義のためには、私も喜んで死を受け入れるだろう。私がこれから書こうとしている文章が、いつの日か彼らの目にとまるかどうかはわからない。もし読んだとしたら、不快に思うこともあるだろう。ただ彼らは誠実であり、私が率直であることを許してくれるよう願っている。

フランス各界の多くにみられるイギリス嫌いは、今日では情けなくも利用されている。イギリス嫌いがあること自体は、否定できない。それにはさまざまな起源がある。歴史の追憶にさかのぼるものもあり、その記憶はときに想像される以上に執拗である。ジャンヌ・ダルクの影も、ピット〔一七五九―一八〇六。フランス革命期のイギリスの首相。革命前にはフランスとの間に自由貿易主義にのっとる通商条約を締結するが、革命勃発後はその急進化を危惧し、三度にわたる対仏大同盟を指導した〕やパーマストン〔一七八四―一八六五。保守派の政治家。スエズ運河建設に反対するなど、フランスに対立する政策を多く採った〕の邪険な亡霊の影も、記憶力に恵まれた集合的な世論の背景にくっきりとその姿を刻み続けている。古い民族にとっては、簡単に忘れられるというのは一つの恵みかもしれない。思い出は、ときには現在のイメージをかき乱すが、人間とは何よりも新しいことに適応しなくてはならないからである。イギリス嫌いの別の起源はもっと作為的なもので、さらに不純である。軍に広く普及しているある週刊誌の読者なら、少し前のイタリアのエチオピア遠征のときに、フランスの義務はイギリスの「破壊」にあると知らされたはずである。その記事には署名もあったが、それは扇動する者自身の名前だったのだろうか。そうした話を作り上げる者たちがフランス人でないことは、誰もが知っている。それだけではない。二つのきわめて異なる国民が、共通の理念に駆り立てられつつ、互いに知ろうともせず、理解しようともせず、したがって好きになろうともしないのは、おそらく避けがたいことだとみなすべきなのであろう。これは英仏海峡の両岸において、等しく事実である。私は平均的イギリス人、とくに小ブルジョワジーが「ガリア人」〔フランス人〕にもつ古典的な偏見も、やはり古くからの辛辣さを全面的に失ってはいないと思う。そして、近年の戦場でのきわめて短い交友の間に起きたいくつかの出来事も、誤解を払拭する役に立たなかったのは確かである。

イギリス軍は、長い待機の月日の間、フランドルの地でフランス軍と隣り合わせになって、フランスの村々に陣取り、道路の治安を統御していた。イギリス軍には、徴兵の国民軍はいないも同然だった。少なくとも部隊は、ほとんどすべてが職業軍人で構成されており、おそらくは職業軍としてのあらゆる美点を備えていただろう。だが同時に欠点もいくつかあった。キプリング流の〔優越感に満ちた〕兵士は、よく従いよく戦う。それはベルギーの戦場で一度ならず、血をもって示されたはずである。ただしキプリング流の兵士は、略奪者でもあり好色漢でもある。この二つの悪業が、家禽や家族を犠牲にして行なわれたなら、フランスの農民は簡単には許さない。しかもイギリス人がヨーロッパ大陸で長所を示すことは、まれだった。少なくとも特別に洗練された環境にない限りは、である。イギリスにいると、たいていは彼らは親切この上ない。ところが英仏海峡を渡るや、イギリス人はつねにヨーロッパの主人を「ネイティヴ」と混同する傾向をみせる。ここで「ネイティヴ」とは、すなわち植民地の原住民であり、定義からして下級の人間である。そうなると内にある生来の臆病さも、頑固さとなって現れる。以上のことはみな、深い国民的感情や大きな国益といったものに照らしてみるなら、どれもあまりに小さいことに違いない。しかしフランスの村びとのように、普段から外国人に対して疑い深く、やや内向的傾向がある人びとの意見に、こうしたことが影響しないと言えるだろうか。

過酷な数週間の後に、乗船する日々が来た。イギリス人は、はっきりと自分たちが最初に乗船するという意思表示をし、イギリスの軍隊が完全に岸を離れるまで、ほとんど例外なくフランス人の誰一人として甲板に足を乗せるのを許さなかった。私はこれについて、イギリスを責める側に立つつもりはない。海岸線の防衛に当たっていたフランスの部隊を除けば、イギリス軍が最も海岸近くにいたのである。彼らは自分に責任がないと判断した敗北のなかに、いわば身柄と財産ごと巻き込まれるのを拒否したわけだが、それも自然のことだろう。イギリス軍の水兵は、同胞の救助をやり終えると、フランス人の救助に乗り出した。危険を前にしながら、私たちに向けてくれた彼らの献身、また懇ろな心づかいは、一等船客に対するもののようであった。

しかしここでもまた、いかんともしがたい感情の反発というものを理解するように努めよう。フランスの兵士はまさに自分の指揮官から、戦う術をことごとく奪われて、フランドルの海岸で、あるいは砂丘で、第三帝国の捕虜にならないですむよう絶望しつつも待っていた。日ごとに敵が近づくのを感じ、日ごとにより激しい爆撃にさらされながら、彼らは全員が逃れられないことを知っていた。そして事実、全員が逃れたわけではないのである。超人的な慈悲の心でもなければ、外国の仲間たちを乗せて一隻、また一隻と自由へ向かって船が旅立つのを、苦痛なしに見つめることはできないのではないか。彼らは英雄ではあったかもしれないが、聖人ではなかった。加えて場所によっては、もめ事が起きそうな気配もあった。それはこのように熱狂したなかではおそらく抑えるのは困難などころか、すでにいきり立っている感情をさらに刺激するばかりであったろう。たとえば次のような話がある。事実であったことを私は保証するものだが、イギリスの連隊に派遣されていたフランスの連絡将校は、数カ月にわたって仲間として宿営地や戦場を共にしたにもかかわらず、砂上に取り残される目にあったのだ。すべての柵は閉じられ、目の前の船には昨日の戦友がタラップを上って行った。イギリスの地にいったん着いてしまうと、多くのフランス人は感動的な気配りに囲まれたのであり、それは心の傷を大いに癒してくれた。しかしときにはこうした慰めそのものが、ないこともあった。住民のもてなしはいつも変わらず愛情がこもっていたのだが、その反対に当局の受け入れは、やや過剰な猜疑心からくる険しさを、払いきれていなかった。あちらこちらにある野営は、収容所といった様相だった。疲労困憊した部隊は、つねに扱いにくいものである。微妙な仕事を担う行政当局は、何よりもまず物事の秩序を重んじる。それが不器用な失態をおかしたとしても、驚くまでもないだろう。それでもそうした過失が起きてしまえば、それが記憶のなかに痕跡を残すのも、やはりもっともなことだった。

イギリス人が私たちを十分に支援しなかったとは、よく言われることである。しかしそれはフランス自身の過失を糊塗するためでもあったので、偽りの数字が使われすらした。イギリス軍がフランドルに三箇師団よりずっと多い軍隊をもっていたことについては、私にはしっかりした根拠がある。つまりイギリス軍についての悪い宣伝も、その元となる素材をでっち上げる必要などなかったのだ。

イギリスの政治や社会の伝統は、フランスとはきわめて隔たっているが、それを少しでも知る者の目には、徴兵の制度化〔一九一七年〕は大いに勇気ある行動だと映っただろう。ただこの勇気をふるうのがやや遅きに失したことは、否定し難い。当時前線にいた三〇歳から四〇歳のフランス人が、なぜ同じ年代のイギリス人が家庭にあるのか、ときには自問したとしても当然だっただろう。以来、イギリスは犠牲を払いながら、遅れを十二分に取りもどした。しかし当時、誰が将来を予見していただろうか。

第一軍は、アラスに向かって北から南へと突破を試みていたが、それはソンムのフランス軍が逆方向に始めた移動と連動するよう目指していた。ところがイギリスの司令部はほとんど最後の瞬間になって、当初約束していた救援を撤回した。これもやはり事実である。こうした行為はもちろん、長期にわたる怨恨を残した。ただしそれから利益を得た者たちもいた。もう少し後に起きた、ベルギー降伏のときもまったく同様だった。私たちの第三部自体においても、懐疑的な者はこの報を聞くや、こう言っている。「これはブランシャール将軍には一大チャンスだ」。私たちはベルギーのレオポルド三世が離脱するずっと前に、包囲されていた。計画された攻撃をイギリス軍がすっぽかしたときには、すでに包囲は半分以上進んでいたのだ。自分たちが過ちをおかしたとき、他人の過ちほど好都合な隠れ蓑があるだろうか。

要するに、北部戦線については「ドイツ軍の包囲網」を真剣に突き破る努力をすることなど、放棄せざるを得なかった。イギリス軍が救援を拒んだことは、確かにこの計画があらかじめ破綻するのに力を貸したはずである。その拒絶の仕方は、あまり上品ではなかったように思われる。戦略的状況の変化によって、約束してしまったことを手がけるのが不可能になったとしよう。そうした最悪の場合でも、イギリスの遠征軍参謀部は、フランス軍司令部をかくも長い間、幻想や不安のなかに打ち捨てておかないよう、何かできたのではないか(ただしこの点については、私は当然のことながらフランス側の声しか聞いていない)。結局のところゴート卿の決定は、おそらく正当な理由のないことではなかっただろう。* いずれにしても歴史家は判断するよりは、理解しようとするものである。これを説明するにはたいした苦労もいらないだろう。ここにおいてこそ、画布の反対側を見ることを始めなければならない。

＊ 私は少しずつ、この決定が唯一の賢明なものだと思うようになった。もし全イギリス軍が一九四〇年の五―六月に大陸で疲弊しきってしまっていたら、戦争の帰趨はどうなっていただろうか。しかしそれは、当時のフランスの実戦部隊には理解し得ないような厳しい賢明さだったのだ。（一九四二年七月）

フランス軍自身の南への攻撃は、もたついた。偵察、軍の配置、砲兵の準備など、一言で言えばあらゆる事前準備だが、それらは理論上は不可欠とされる上、多くの時間がかかるものであった。一度は行動の開始が遅れるのを余儀なくされた。計画ではそれは、マルメゾンの闘い〔一九一七年〕のまったくの縮図だった。もっと早く準備できたかどうかはわからない。おそらく軍の配備がエスコー川まで延びている状況では、無理だっただろう。明らかだったのは、この速度でいけば敵が先を越す恐れがあるということだった。こうして敵に十分な時間を与えた結果、敵軍は私たちの軍と南方軍との間で、まず単純に前衛を増強し、それによって私たちの他の戦線への圧力を強化したのではないだろうか。そうこうするうちにわが連合軍たるイギリス軍は、どうやらかなり激しく攻撃され、危険を感じたようだ。それで予見した失敗に引きずり込まれないよう、抜け出したのだ。

そのときから彼らは、私たちの手法を情け容赦なく批判し始めた。それも無遠慮にだった。こうして信頼が損なわれたことが、フランドルの戦闘の最後の二週間におけるイギリス軍の行動の、大きな心理的要因になったと思う。数日の間に、同盟の温度計が数十度も下がったことが見て取れた。周知のようにイギリス軍は、統一された指揮系統に入ることを戦争のはじめから受け入れていた。実を言えばそれはやや不完全な形態だったし、その結果奇妙な事態を招きもした。イギリス軍総司令部は、フランス軍総司令官の命令下にあった。しかも両者の間に何も介在せずにである。したがって、第一軍集団司令官からすると、アルデンヌから海までのフランス軍の作戦を指揮する任にあったのに、部隊の真ん中に、責任はもつものの自分が直接には指揮できない、非常に規模の大きな支隊が入り込んでいるのを目にする羽目になった。このような具合だったので、ロンドンの政府がフランスに認めた譲歩は、敏感な国民的自尊心、さらには憤激しやすい軍人という職業的自尊心に、大いに高くついたようである。イギリス軍の譲歩は、おそらくはフランス陸軍の数が優勢だったことで、正当化されたのだろう。事実その数は圧倒的であった。しかし、私たちの戦略的組み立てが、イギリス軍に引き起こした尊敬の念にもよっただろう。フォッシュ〔一八五一―一九二九。第一次大戦初期から活躍し、後に総司令官となり元帥に昇格。最後の反撃を指揮し、戦後も高い人気を誇った〕はドゥラン会議の後、連合軍を勝利に導いた。フォッシュの後継者もそうすることが、期待されていたのである。いずれにしても参謀部の技量のいわゆる優秀さを、フランスの将校たちは心底確信していた。ときには確信をひけらかしすぎたのではないかと思う。*わずかの後にムーズでフランス軍が信じがたいほど崩壊し、これより北で戦っていた全部隊は包囲される脅威に突然さらされることになった。イギリス軍は、この敗北で遠征軍すべてを失う恐れもあったので、敗北には関係がないという感情をもっていた。彼らのフランス軍に対する信頼はすでに揺らいでいたが、フランスの対応の遅さや稚拙さが、それに止めを打った。フランスの威信は命運がつき、それを私たちに隠す者とていなかった。それはイギリス軍の過ちだったのだろうか。

＊　一九四〇年四月二六日の戦争委員会の議事録（*Les Documents secrets de l'État-Major général français*, p. 98）に、フランスの参謀本部がもつ耐え難いまでの虚栄を、雄弁に物語る一文を見出した。ガムラン将軍の言葉である。「（ノルウェーで）主たる努力を傾注すべきはイギリス軍である。その上でイギリス軍を精神的に支え、司令部の組織化を支援し、方法と、さらに大胆さとを与えなければならない」。何ということだ！（一九四二年七月）

アラスについて計画されていた共同行動が頓挫した後、ある種互いへの幻滅が双方に広がり、両国の参謀部は協力するのをほぼ全面的にやめたかのようにみえた。イギリス軍は自らの退路を守るために、いくつもの橋を破壊しなかっただろうか。それがフランス軍の退路を断つことになるのだと、知ろうともしないで！　同様に、工兵隊が反対したにもかかわらずリールの都市間電話交換所を早まって破壊したために、第一軍はほとんどあらゆる情報伝達手段を奪われてしまった。私たちはイギリス軍は厚かましいと考えていた。フランスの司令部の欠陥を前に幻滅を感じたこと自体は仕方あるまいが、それが本来実戦部隊に払うべき尊敬の念を忘れさせたのだろうと思う。しかし実戦部隊の勇猛さが、問題だったのではない。

双方の軍に割り当てられた地域がもっとはっきり決められていたら、厄介なもめ事もおそらく避けられていただろう。しかしその境界を命じる権限をもついかなる権力も、もはや存在していなかったのだ。そうした権限は、以前はフランス軍総司令部にあった。そこだけが唯一、共通の権威の源だった。ところがフランス軍が包囲されてからは、司令部は統括するのをやめてしまっていた。しかし協議をして一致をみるのは不可能だったのだろうか。努力が払われたかどうかも、私は知らない。いずれにしても、ことはうまく運ばなかった。とくにリールでは、いったい誰が指揮をしていたのか。最後まで誰にもわからなかった。五月一〇日以前には、確かにリールの街はイギリス軍が統括する範囲に入っていた。しかし第一軍が最後に集結したのもこの街の周辺である。私たちはとくにこのリール周辺で、数日にわたって燃料の大部分を得た。集積所の破壊にあたっては、イギリス軍には決して任せまいとした。イギリス軍の破壊方法は、ガソリンにタールや砂糖を混ぜるのだが、それは燃やしてしまう私たちのやり方からすると不十分に思われた。プリウ将軍は問題が明らかになると、手紙を書かせ命令を下した。手紙はゴート卿宛で、卿に丁重に決断をゆだねているかのようであった。他方、命令は私たちに向けたもので、決定を全面的に将軍自らが握る内容だった。こうした巧妙な外交は、両軍の権利についての不分明さをかなり露骨にさらけ出した。しかも混乱は最後まで続いた。集積所は一つだけ燃やされなかった。それは運河の向こう側にあったもので、イギリス軍はすでに橋をすべて破壊していた上に、理由はわからないが、フランス兵が舟で渡ることを禁止していた。誰にこのような混乱の責任があったのだろうか。イギリス軍にもその一端はあったはずである。もちろん私たちもあまりに容易にそうした事態を受け入れてきたのであり、まったく罪がないとは言えないだろう。

しかし、もしも英仏両軍が前もって連携をもっと強化していれば、おそらくは精神的にこれほど深く決裂することもなかっただろうし、結果もここまで深刻にはならなかったのではないか。正直なところ、状況はかなり複雑であった。ゴート卿の参謀部は、二つの機能を同時に果たしていた。イギリス軍総司令部と軍司令部である。総司令部としては、直接にフランス軍総司令部と連絡を取っていた。イギリス軍総司令部のもとには、ヴォリューズ将軍が指揮するフランス代表団が、ガムラン将軍の代理としていた。また軍司令部としては、フランスの二つの軍、つまり左側にいて海岸に接している第七軍と、右側にいる第一軍と、恒常的に連絡を取っていた。あるいは取っているはずであった。軍司令部においては、フランス代表団はさしてやるべきことはなかった。連絡網を組織するのは、各軍自身の役目になっていた。実を言うとこの仲間内の接触は、多くの場合は待機期間中に、守備範囲の画定などという些細なことに陥ってしまっていた。とはいえ疑いを入れなかったのは、ひとたび激しい作戦が始まれば、異なるたぐいの問題が起きるのではないかということ、そうなればその解決は大半が、それ以前に、協調関係を準備するために、さらには互いに連絡を取り合うために、何がなされたかにかかっているのではないか、ということである。しかしこの点について、事態はあらゆる予想を超えたようだった。というのは、総司令部はドイツ軍が突破してくると私たちの視界から姿を消し、イギリス軍と私たちの間には実質的には軍のレベルでの情報網しかなくなったからである。

覚えておられるかと思うが、私は基本的にはイギリス軍のもとでの連絡将校に任命されていた。ボアンにいた最初の数週間、私は最善を尽くしてこの職務にあたった。周りは私がするに任せ、とくに助太刀などはしなかった。燃料の担当になったときも、努力を怠ることはなかった。イギリス軍総司令部は当時、安全のためにアラス近郊の小さな村々に分散していたが、私はそれらを訪れたし、なかでもフランス軍では第四部に相当する部署である「Ｑ」*(キウと発音する)にはよく行った。ドゥエでは軍団の参謀部を捜しに行ったたし、フランス代表団と交渉もした。しかし間もなく私は、こうした断続的な行き来を続けても、必要なときに細部の瑣末な問題解決の役には立つものの、実際的な接触は作り出せないことに気がついた。

＊　主計局(Quarter-Master-General's Branch)の略。

行動する上では、有効な関係は多少の仲間意識なくては作れないし、仲間意識は多少とも共同生活を送らずしては生じない。それはおそらく万人にとって同じだと思うが、とくにイギリス人の場合は誰にもまして そうである。イギリス人は人を親しく迎え入れたとなると、ときには無邪気なまでに愛想よく信頼を寄せてくれる。反対に行きずりの客には申し分のない礼を尽くしつつ、はっきりと冷ややかな態度を取る。イギリス人の事務所に出向くとどうなるか。彼らは要請された情報を正確に与えてくれる。ただそれだけのことだ。それ以上のことは無理に違いない。しかしこれで十分だろうか。目的は以下のようなものだったはずである。第一に、私たちのものとはやや異なっている戦争機械の操縦法を、学ぶことだ。私たちはそれと折り合わなければならなかった。次に、もしイギリス軍に弱点があるならば(弱点のない軍隊などあるだろうか)、それを見抜くことである。さらに、イギリス軍の見解を理解することである。それらは必然のこととしてフランス軍司令部の見解とつねに一致していたわけではない。フランスの考えを理解させるためにも、まず相手を理解する必要があった。最後に、とりわけ直接的に人間としての関係を結ぶことだった。そうした人間関係によってのみ、双方が自尊心を傷つけることなく実り多い提案を交わせるだろうし、いったん事が起きると誰もが自分のことだけを考えて行動しがちだが、そうした情けない欲望を避けることもできるだろう。たまに何度か訪問するだけでは、このような目的は達せられない。五時のお茶、ウイスキーのソーダ割りといったクラブの雰囲気が必要なのであり、それが仕事机を前にしての友好的な協力関係へとつながっていっただろう。一言で言うなら、連合軍総司令部に第一軍の将校を一人常駐させておくことが、明らかに必要だった。私だけではなく、これがフランス代表団参謀長が考えるところであった。第七軍も同じ考えで、すでに実施に移していた。しかし不幸にも、この点に関する配慮は事態の転変のせいで、ほとんど何の効果もないままに終わった。というのは第七軍は、ダンケルクの防衛にあたった第一六軍団を除いて、五月一五日か一六日にはアントワープの戦線からほぼ全軍が撤退せざるをえず、その後ムーズとオワーズの激戦地に投入されて、ほぼ壊滅したからである。

第一軍ではとりあえず、第三部にイギリス軍総司令部の代表将校を迎え入れることにした。私が最初に会ったのは、かつての現役将校で、その後シティ〔ロンドンの金融街〕で銀行家になった人物だった。彼の親切だがつっけんどんな振る舞い、快活な様子、またおそらくはイギリスでよりはフランスでの方が独創的にみえるユーモアなどで、彼は人気者になった。他方、職務にはきわめて熱心で、自分の任務に関してもっている権威を失うまいと汲々としていると噂されていた。私たちの仲間の誰かがやや度を越した熱意を見せると、それを侵害の脅威と受け止めて、断固許容しようとはしなかっただろう。私個人としては、彼とは申し分のない関係にあったのだが、確かに彼はあらゆる連絡の糸をすべてその手に握りたがっていた。この観点からすると、フランス軍の司令官の間にも、彼は危険な影響をもっていたように思われる。何よりもまず彼は、この上なく抜け目がなかった。しかもイギリスの大ブルジョワジーがほぼ免れることのない社会的偏見に、深く染まっていた。さらに、その才ゆえにみせびらかしたりはしなかったとはいえ、「トーリー」的な古い伝統に特有の国民的偏見をも、免れていなかったと思う。

イギリス軍の装備や手法にあるかもしれない弱点について、彼に情報を期待するのは無邪気というものだ。彼は五月一〇日の直前に、私たちのもとを去った。ロンドンの経済戦争省に職を得たのである。事態が加速したときには必ず役に立ってくれるだろうと確信していたのだが、早すぎる異動だった。後継者とのつき合いは、ずっと薄いものとなった。この人物は前任者と同じように慇懃だったが、さほど社交的ではなかった。職務上、一度だけランスで彼と接触したときには、いかなる責任からも逃れることのみを気遣っているようにも見えた。しかし、よく考えてみれば、連合軍の派遣将校の個人的な気質がどういうものであろうと、いかに優秀な者でも外交の代表としては半分の役割でしかないわけである。友好国との接触を維持し、事態の推移を知り、相互理解という堅固な基礎の上に友好関係を築かなければならないのに、その外国大使を歓待するだけでよしとする政府があるだろうか。しかもこの全権大使に満足していればよいのだという口実で、自らの代理を派遣しない政府があるだろうか。

　そこである日、私は勇気を奮い起こして、当時、参謀長の役目を果たしていた参謀次長に謁見を申し込んだ。そしていま記したような議論を、力をこめて申し述べた。その際に、ゴート卿の総司令部のもとで私が派遣将校の役目を果たそうなどとは毛頭考えていないことを、しっかり伝えた。そのような役目は、もっと軍事的手腕に長けている者にいくと思われたからである。しかし私は不手際だった。というのは、私の個人的意見が軽くみられることを危惧したので、フランス代表団参謀長の権威ある意見に基づいているとするのがいいと考えたのだ。ところが何としたことか！　私が弁舌を振るっていた中佐は、私が後ろ盾にしようとした別の中佐の、内心の敵だったのだ。もちろんこの話を進めることは、まったくできなかった。陸軍大学の道は、後宮の空気など知らずに育った者の足元に、罠を張りめぐらせてあったわけだ。私の交渉相手はきわめて慇懃に私にしゃべらせてから、まったく説得されていないとはっきり言った。彼の考えでは、イギリスの将校が一人フランス側に派遣されていれば、何ら不足はないのだった。もっと後になって、私は総司令部にもこの問題を理解させようと試みたが、これも得るところなく終わった。その後は、誰もこの件について文句をつける者もないことであり、私は数分間、曖昧で無益な会話をするのを自らに科すことはやめた。そしてアラスへの道をかつてのように往復するなかで、次第に燃料補給の任務だけに専念するようになった。

　戦闘の間は、参謀部のある上級将校が、イギリス軍総司令部への常勤の代理となった。かつてイギリス軍と何度か接触のあった人物である。聡明で、大半の同僚よりもずっと度量の広い精神の持ち主だった。彼は最善を尽くしただけでなく、他の誰も彼ほどうまくはできなかったと私は確信している。ただ彼は私たちの連合軍と日常的に接したことがなかった。その任にあったときですら、多くの時間を戦闘司令部から戦闘司令部へと走り回ることに費やしていた。しかも信頼関係を打ち立てるのに、状況はこれまでになく不利であった。もし時間をかけて信頼関係を培っていたのであれば、種々の事態にも抵抗できたであろう。真の同盟とは、継続的な創造の上になりたつもので、紙の上に書かれるものではない。それは小さな人間関係を幾重にも積み重ねた上にできあがるのであり、その総体が堅固なつながりを作る。第一軍ではそのことは、すっかり忘れられていた。私たちはこの怠慢のために、ひどい目に会ったのだった。*

＊　フランス軍とイギリス遠征軍との間のこうした連携不足については、五月二二日の仏英軍事委員会におけるチャーチルの発言と、二四日のチャーチルの電報を見よ(*Les Documents secrets de l'État-Major général français*, p. 57 et 132)。(一九四二年七月)

＊　＊　＊

すでに述べたように、私は軍に到着したとき、数日を第二部で過ごした。情報部である。その後、ベルギー軍の燃料集積所の正確で新しいリストを手に入れようと努めている間に、軍集団第二部と総司令部第二部ともつながりができた。もし私が情報や証言といった問題に、変わらず先鋭な関心をもっていなかったら、私はお粗末な歴史家だっただろう。しかし私は確かに歴史家であったからこそ、周囲で使われていた手法に、間もなく身につまされる大きな恐怖を抱いたのである。

理解してほしいのだが、私はここでひとまとまりの人びとを頭から非難しようとするつもりはまったくない。彼らのなかには現役でも予備役でも、献身的で有能な働き手が確かにいただろう。調査の間、私は総司令部第二部で、有効な援軍とは言わないまでも、少なくともいつもにこやかなもてなしを受けたし、軍集団では実に貴重な理解と支援を得ることができた。軍では、私たちはほとんど優遇されなかったし、参謀部では舌がほぐれてくると、それはほとんどあからさまだった。軍の第二部を指揮していた将校は、傲慢な振る舞いで、閲兵の日には着飾った大隊の先頭で堂々たる姿をみせたことだろう。戦場でも同じくらい立派に振舞ったかどうかを疑う理由は、私には一つもない。しかし彼に任せられた任務は、明らかにその度量を大きく越えていた。それでもまだ、いかに指揮が不十分であろうとも、暗い面ばかりだったわけではない。私は第二部で、とくに翻訳課にすぐれた同僚を得た。友人とも言える者たちである。その課はリヨンの実業家が、味わいのある能弁な威光をもって指揮していた。そこの人びとは、大いなる献身と、また必然的にやや限られる領域のなかで確かな知性とをもって、全力で仕事に当たっていた。

しかしはっきりと言っておかなければならないのは、私たちには何とも情報が少なかったことだ！

私はベルギーに関する情報の仕事を一部になうことができた。すでに述べたように、燃料集積所の位置、能力、容積について、総司令部は根本からして、私たちには曖昧でしばしば誤った指示しか与えていなかったのだ。さらに悪いことに、よりよい指示を出そうなどとは、いっさいしなかった。ベルギー軍自体において、燃料補給の仕事はどのように組織されていたのか。私たちが共通の侵略者に共同して立ち向かう場合、私たちはどうしてもこの燃料補給の担当者たちと協力しなければならないではないか。ブランシャール将軍は、この点に関していくつか詳細を求める書面を自らしたためようとした。しかし返事はいっさい得られなかった。このような情報のない状況は、私の課だけに限られたものでないと考えられるが、それにはしっかりした根拠がある。さまざまな理由から、こうした状況は作られていた。

まず情報機関が過剰にあったこと、そのためにほとんど不可避のこととして、各機関の間に競争心が生まれたことである。競争心が生じるのは厄介な傾向だが、この点には後に再び触れることになろう。大使館付き陸軍武官は、総司令部ではなく陸軍省に属していた。人並み以上に自分の特権に固執する省である。しかも陸軍省と総司令部は、今度はもっともらしく中立を尊重するという口実のもと、下位の参謀部にベルギーでの直接調査をすべて禁じることでは合意していた。しかし実際には、軍集団も、軍も、平気で個別に仕事をしていたのである。有益な情報が私たちに届いたのは、多少ともこうした内密の経路を通ってのことだった。それならば努力を集中するよう組織化したほうがよかったのではないだろうか。

同時にもっと具体的なことに鋭い感覚をもって、情報活動を指揮するべきだったのではないだろうか。第二部、すなわち情報部というのは、依頼人のために複数の命令機関を備えた、一種の代理店のようなものだと理解されているはずである。それは依頼人の要求に応えるものであろう。砲兵隊、航空隊、戦車隊からの要求、鉄道や道路の交通統制を担う課からの要求、あるいはすべてを統括する戦略研究課の要求、等々である。個々の命令機関はそれぞれが、想定すべき個別の問いをもっている。専門家でないならば、つねに無視してしまう恐れのあるたぐいのものである。情報部は、あらかじめ依頼人の必要を予測し、満足させるように努めるであろう。そして役に立ちうる情報が手に入るや、おのおのの部署に流すだろう。

実際にはそうしたことはなく、情報の探求といっても、狭く区切られたなかを動き回っているだけだった。伝統においては、物量戦という側面はまったく考慮されていないのだ。そして何よりも「敵の戦闘命令」を想定することに専念されていた。つまり敵部隊の配置である。部隊の配置はその意図を示すものとみなされている。しかし今日では動きがきわめて速くなっているので、多くの場合、相反する三つか四つの解釈の余地が残されたままだった。しかも付随的に、精神面や政治面に関しての調査が加えられたが、そこにはたいてい真の社会分析についての無邪気ともいうべき無知が、さらけ出されていたのである。私はベルギーについての、ある小冊子を覚えている。それはベルギー国内の権限などを長々と説明したつもりのようだったが、『ゴータ年鑑』〔ヨーロッパの王室・貴族の名鑑〕流のスタイルで、この王国は「立憲君主制」だなどと述べてあった。私たちはこうした苦い経験を数多くしていたのだ。

情報の伝播については、参謀部に古い冗談が一つある。いかに情報担当の第二部が、情報を得るや急いで書類を作り、その上に赤インクで「極秘」と書いて三重の鍵のかかる戸棚のなかにしまいこみ、それに関心をもつはずの者の目からも遠ざけてしまうか、というものだ。私はある日、こうした描写が単なる作り話ではないという証拠をつかんだ。私たちは最終的にベルギーの燃料集積所に関して、ようやく注釈つきのリストを完成したのだが、それを私たちの第二部から各軍団に知らせてもらった。しばらくして私たちは、ベルギーに進撃する際の燃料補給に関する総合的な指令を発する機会があった。この指令は主として徴発の問題を、次いで軍が自身の集積所をどう設立するかを扱っているもので、どこにどのような資源があるかについては、すでに発送された表に従っていただけだった。指令はいずれの参謀部でも当然のこととして、すべての補給の任を負った第四部に渡された。まさにその同じ日、私はある軍団で私と同じ任務を受けもつ同僚からやや辛辣な電話を受けた。「表のことが書いてあるが、表などなかったではないか」と。私は問い合わせてみた。すると確かに送られていたのだが、特定の部署から発送されたものは、下位の同じ名称の部に届けられるという避けがたい傾向があり、今回の場合は軍団の第二部がその宛て先になっていたわけだ。第二部では書類は即刻かの有名な秘密の金庫に閉じ込められ、それを利用しうる将校に知らせようという努力は、寸分も払われなかった。私の周りではみな「いつものことですよ」と肩をそびやかした。叱責を加えたり、こうした誤りが繰り返されないよう必要な手段を講じるといったことについては、誰も考えなかった。それほどこの因習は、断ちがたかったのである。

私たちの第二部が手本となるわけでないことは、よくわかっていた。待機期間中に、したがって理屈の上では研究期間中に第二部が作成する書類は、百戦錬磨の将校すら驚かせることがあった。ある鉄道の地図は有名である。国境線がいい加減だったため、エクス＝ラ＝シャペル〔アーヘン〕はベルギーの都市になっていたし、ハンブルク—ベルリンを結ぶ鉄道は輸送量の少ない区間に分類されていた。結局ことはあまりに明らかで、誰も間違いようはなかった。しかし短い間隔で出されていた『情報公報』にはもっと微妙な、それゆえにもっと重大な概念の誤りが含まれていた。たとえば調査の結果を折にふれてまとめる研究者、発掘の調書を次々と発表する考古学者、病気の観察書を学生たちにも手渡す医師などを考えてみてはどうか。あるいは有名なパストゥールの実験ノートでもいい。私たちがこうした真摯な書類に期待できることは何か。それぞれの段階で、みな次のように言うに違いない。前回不確実だった証拠は、今日では確認された。反対にかつてはほぼ確実だと思われていた解釈が、今は知識が進歩したために崩れたと考えざるを得ない。さらに、過ぎ去ったことではなく、起きている現象をその過程において観察してみる場合、新しい事実があれば、それはおそらく重大な変容の兆候である。換言するならば、あらゆる認識はそれ自身精神の前進的な運動であり、本性として変化する事物の認識は、その変転の観察からのみ生じるのである。したがって単独になされた研究報告は、先行する研究につながらないならば、つねに重要性は無に近い。翻って各種の『公報』は相次いで出されていたのだが、その関連はまったく明らかでなかったり、ほとんどわからないままであったりした。念入りに付き合わせると、かなりの頻度で矛盾することがわかった。あるいははじめに、見かけは可能性に富んだ一群の資料に注意を引いておいて、次には何の断りもなく、その方向性を捨ててしまうのだ。しかし、二つ目の情報が最初の情報を無効にしたのだろうか。わざと繰り返すのを省いたのか。それとも現実に状況が変更されたのだろうか。もし答えられるなら、たいへんに鋭い人だ。私は自分の考えを開陳すると、誹謗の罪に問われるのではないかとやや不安に思う。しかし私はどの程度不手際でどの程度狡猾なために、このような一貫性のなさが生じるのか、一度ならず自問したものだ。第二部の幹部はみな、「ひどい目」に遭った日、事実がいわゆる確実さを否定したのを目の当りにしたのである。その確実さで、司令部を武装していたのにである。司令部に矛盾しあう指示のなかから何かを選ばせるというのは、何が起ころうと勝ち誇って「もし私のことを信じてさえいれば」と言う手段を、留保してしまうことではないだろうか。*

＊　戦争よりずっと前の第二部の悪癖の数々については、B・ド＝ジュヴネルの『自由ヨーロッパの崩壊』が決定的な証拠である(B. de Jouvenel, *La Décomposition de l'Europe libérale*, p. 212)。「わが参謀部は年鑑(*L'Annuaire militaire de la S.D.N.*)のなかに、実際には所有しない軍隊、現役採用を受けたことのなかった現役軍の者たち、召集されない予備役兵などを書き込んで、子どもじみた虚栄をひけらかした。こうしてドイツ人の主張するところを補強したのだ」。一九一四年についてはジョッフルの『回想録』(*Mémoires*, p. 249)参照(ドイツ予備軍に関する誤った情報である)。(一九四二年七月)

実際に作戦が開始されると、参謀部の軍事作戦担当の将校に、第二部は日々どのような役に立っていたのだろうか。この点については、意見を述べるのが何とも心もとない。なぜなら、第二部がなしえたこと、あるいは発言できたことについて、私のもとにはほとんど何ももれ伝わっていないからである。ただ一つだけ確かなことがある。有名な『公報』のたぐいが、そのときから用心深く全面的に沈黙したままだったので、私と同種の職務にある将校が、敵については、まぐれにせよ偶然にせよ、何らかの会話や誰かに出会ったことから入手できたわずかな情報しか、もち合わせなかったことである。要するにほとんど何の情報もなかったのだ。おそらくは無益であろう好奇心の範囲に関してだけではなく、彼ら自身の職務をしっかり遂行するために必ず知っておくべきことに関しても、そうだったのだと思う。たまたま多少とも重要な情報を自分で集めたときでも、それを伝達すべき情報センターが近くにないために、やむを得ず軍司令官自身に急ぎ報告者を派遣する羽目になったりした（その一例はすでにあげてある）。それではまるで、多くの責任を負っている司令官に対して、この種の資料は収集され厳選されて後に、ようやく届けられるかのようではないか。おまけに情報収集所、前に用いた比喩を使うなら「代理店」は、情報の伝達と収集を同時に担う。この機能を第二部という形態で準備すべきは、総体としての参謀部にだけではなかったのではないか。私の考えでは、各部の内部にこの任を専門とする将校を一人、それもこれに適した能力をもつ者をおくことが、少なくとも必要だった。部隊に弾薬、食糧、工兵材料、燃料を補給し、また弾薬集積所、食糧補給の駅、工兵材料廠、車輌置き場の位置を決定することは、これらの部隊の位置や敵の所在を大方知らないままで、簡単にできると思われるだろうか。*

＊　しかもこの情報伝達に関する無能は、参謀部の以前からの欠陥であった。フザンサック公は『回想録』で次のように語っている。ある日ネー元帥から、その部下将校の一人に命令をもっていく任務を命ぜられたので、どこに行けばよいか尋ねようとした。ところが元帥は「問答無用だ、私は問答は嫌いだ」と答え

た。フザンサックはつけ加えて記している。「部隊がどこにいるか、いっさい話をしなかった。移動に関する命令も、報告も、いっさい知らされていなかった。できる範囲で情報を集め、むしろ推測しなければならなかった。」(M. Leroy, *La Pensée de Sainte-Beuve*, p. 56 に引用)。これは私たちも連署してよい観察だ。そうではないか、ラシャンよ。（一九四二年七月）

＊　＊　＊

私たちの第二部の方法の誤り、あるいは軍全体を通して多くの部署がとった方法の誤りは、その大半が確かに司令官に気づかれずにはすまなかった。司令官のなかには、あるいはその直接の側近のなかにも、心の底ではそれらを厳格に糾弾せずにはいられない、正義感のもち主がいたであろう。ところがこうした誤りのために、制裁もなされず、単なる配置換えすら行なわれなかったのは、一体どうしたわけか。「フランス軍は、もはやどう罰すればいいのかわからないのだ」と、現役軍の若い仲間はときどき言ったものだ。この言い方は、おそらくやや乱暴であろう。しかしこの言葉に示される権威の危機に、異論の余地はない。ただ、より注意深く分析する必要がある。

かつて私は、部隊将校と大いにつきあった。彼らのなかには今も以前と変わらず、公正な揺るぎない姿勢で、しかし柔軟に部隊を指揮できる者が多くいることを、私は疑ってはいない。個人的には軍の無秩序な姿を私は嫌悪しているが、彼らはそうした無秩序には無縁だし、また伝説的な「兵営の犬」〔准尉をさす〕による新兵いじめについても同様である。中隊や大隊や連隊を指揮するのは、フランス流に堂々と行なわれるなら、素晴らしい職務である。私のみるところ、素質のよい者たちは人間としての徳に満ちており、私はそうした徳性に最大の賛辞を送りたい。参謀部の優れたある将校にもこの徳性を見出したのは、嬉しいかぎりであった。この人物はより高い使命に向かう前に、しばらくの間私たちの部局の次長だった。後に書記たちは憂鬱そうに言っていたものだ。「あの次長がいなくなってから、誰も私たちのことを気にかけてくれない」。共感は、なれなれしさと混同されるのではないかと危惧するのは、粗忽者だけである。

不幸なことに人間の支配は、どこにおいてもこれほどの節度と人間的知性をもって行なわれたわけではない。信頼にたるいくつかの報告から、私はこのことの確証を得ている。軍隊用語から抹消したいと思う言葉が二つある。「教練《ドレサージュ》」と「服従《ミーズ・オ・パ》」だ。軍隊王〔プロイセン王フリードリヒ・ヴィルヘルム〕にはよいかもしれないが、国民軍においては意味がない。といって私は、国民軍においても、というよりはむしろ国民軍においてこそ他所以上に、規律が必要であり、したがってその規律の修練が必要であることを、何ら否定するものではない。しかし規律は市民的徳性の延長でしかありえないはずである。ピエール・アン〔本名アンリ・ブリヨン。一八七六―一九六二。労働者出身の作家で、労働問題について四〇点以上の著作をものし、新聞にも三〇〇点以上の記事を執筆した〕が真の勇気について語ったみごとな言葉を借りるなら、「職業的良心の一つの形」であろう。ある日、軍の電話交換所の女性職員があまりによく働くのをみて驚いた一人の将校が私の前で、なんとも復唱しがたい調子で言った。「兵士とまったく同じではないか」。だがここには驚きよりも侮蔑のニュアンスの方がまさっていた。こうした特権階級《カースト》的な傲慢さで、国土の防衛のために全国民のなかから召集された部隊を指揮することなど、できるだろうか。しかもその大半は、自由な家庭生活にすっかり慣れている人びとなのである。

実際上は「服従《ミーズ・オ・パ》」は、外面的形式によって強制された尊敬と、ほとんどいつも混同されている。外面的形式は、さらに内面の規律を表現する役に立つなら、その価値は否定できない。しかし同時に、大半の人びとの間に信頼感が十分に通じていて、こうした尊敬の念をこめた振る舞いが自然に行なわれるのでないならば、外面的形式は求められても益するところはないだろう。私は人に「教練」を施すことには同意する。しかしその人の全体に向き合ってこそ、真の指導者はどのように対峙したらよいのかわかるというものであろう。たとえばある非常に寒い日に、外套のポケットに手を入れていた下士官に出くわして、その位を剝奪した大佐がいる。私はこの逸話は確かなものだと思うが、それは真の指導者の姿だろうか。その大佐は日がな一日、操行考課表を公にしながら、他方で真冬の只中に、部隊を設備の悪い宿営のなかで凍えさせていたのである。

私自身、「矯正」というこうした試みの結果を目の当たりにすることができた。それはノルマンディで、フランドル戦役後の再編成のときである。兵士たちはそのときどれほど熱心で、また親切だったことだろう。私たちのなかでは煮ても焼いても食えない者たちですら、感動しなかった者は一人もいない。列車から降りてきたときは、みな長旅に疲れ、多くは飢えていた。敗北の後にイギリス軍から配られた雑多な衣類のほか、何もない者もいた。しかも途上で、部隊や直接の指揮官や「仲間《コパン》」を失っていた。宿営にたどり着けば、集団的相互援助の空気も少しはもち直せただろう。それは兵士には大いに必要なのだが、そのためには何キロも歩き続けなければならないことが、しばしばだった。だが一言の苦情もなかった。自分に向けられるすべての気遣いには、「ありがとう」という律儀な一言が応えた。少なくとも自分が一時的には安全な場所にいるのだと感じるからだけでなく、身の上を案じていた某将校が無事だったのに再会したことにも、喜びを見出した。私は何度か握手を受けて、心に熱いものを感じた。実際このときの思い出のおかげで、たとえ絶望に誘われたとしても、フランス人民に絶望することはないだろう。

私たちの指揮にあたるため、一人の将軍が着任した。彼はきっと善良な意図に満ちあふれていたに違いない。軍人としての信条に申し分なく誠実で、他人に対してと同様に自分に対しても厳しかった。しかし彼の心理面での感覚は、他の性質ほど研ぎ澄まされてはいなかった。将軍は兵営の環境が、手の行き届いたものとは必ずしも言えないと判断し、改善に乗り出した。将校たちの巡察は頻繁になり、上衣が無作法だと、ところ構わず注意が降りそそいだ。新聞はすでに仰々しく「フランドルの地獄」と書きたてていて、いく分かそれが正しいことは否定できないが、私たちの多くはこの「地獄」から逃れ来て、ようやく住み着いた村に妻を呼び寄せられると思い込んでいた。兵卒も、少なくとも将校と同じ程度には頻繁にそうできるものと思った。平等が守られていたからである。ところが将軍は厳しく対処した。軍人は望むなら、売春宿に行けばよい。その反対に夫婦の抱擁は、彼からすれば軟弱の罪なのだ。私たちの新しい司令官は、彼なりに正義の人だった。手始めに、私たちの指揮を執っていた彼の前任者にあたる予備役の老将軍に、一五日の重謹慎を科した。この老将軍はある夜、長年連れ添った夫人と腕を組んで歩いていたときに、後任の将軍に出会っただけではないのか。みなは笑った。しかし兵卒たちの気持ちは和らげられなかった。数日のうちに士気は変わった。はっきりとした兆候がある。将校への敬礼は、それまでは心のこもったものだったが、いまや仕方なく手があげられるだけになったのだ。明らかに強制によるものだったからだ。軍隊は戦場から帰ってきて、またそこにもどる運命にあると考えられていたのだが、擬似教練はそうした軍隊の健全で好ましい気分を、あっという間にぶち壊してしまった。

一九一四―一九一八年にドイツ軍の占領下におかれ、過去数週間の間に再び占領された人びとの多くが、申し合わせたかのように示した一つの見方がある。私はそれに大いに驚いたのだが、帝政時代の軍隊に比較すると、ナチ体制の軍隊には「より民主的な」態度が見られたというのだ。将校と兵卒の間の距離も、より近いものに見えた（将校たちはそれでもきっちりと敬礼を返してはいなかった）。これについては私自身目撃した）。上から下まで共通の善意があるなかで、よりはっきりとした調和が感じられる。〔プロイセンに脈打つ〕神秘主義は、上下間の魂の結合を現実のものにしたのであり、粗野だからといってその力を見ないでいてはいけない。プロイセン流の古い伝統は、根本的に私たちの民族精神とは矛盾するし、またプロイセン自体においても廃れてしまったかもしれないが、そうした古い伝統の力が、私たちの魂の結合を危うくするようなことになっては、惨憺たる結果となるであろう。

ところで是非はともかく、フランス軍は罰するという昔からの方法を忘れてはいなかった。あるいは十分に忘れ去ってはいなかった。ところが司令部は、そのために長い待機期間を利用しようと思えばできたし、するべきだったのに、そうしなかった。つまりフランスの司令部は、幹部の間で必要な粛清を行なえるよう、自由にできる待機期間を敵から与えられていたのに、である。第一軍では、作戦が行なわれている間に数名が左遷された。しかしそのときまで待つ必要があったのだろうか。これは遅すぎたのではないだろうか。何人かの無能ぶりは以前からよく知られていたのであり、さらにその無能を示す例が必要だったただろうか。私たちの軍総司令部では、老将校が指揮を執っていたが、彼がいくら善良で心優しくても、その全面的な無能は誰の目にも隠せなかった。「私は三二年前から、何をすべきなのかわからないのだ」というのが彼が好んで繰り返す言葉だった。こうした無邪気な告白に私たちはさんざん笑ったのだが、これが口づてに私たちの司令官よりさらに上位の者の耳に入らなかったとすれば、驚くほかはない。彼はブラヴィダ大尉の名誉ある好敵手だった。その彼の権限は、実際私たちがボアンにいるときは決定的に重要ではなかった。だが実戦となれば、それらがより重みをもつことは誰もが知っていた。規則に従っても、とくに参謀部の車輛業務の指揮が含まれていたのだが、不幸にも五月一〇日の前後を通して、いつも十分には行なわれないままだった。しかもこの階級の将校の罷免は、総司令官や軍司令官の更迭ほどの支障をきたすものではまったくなかった。それでもなお冬の間ずっと、次いで全戦闘期間中――しかもその間、私たちはほとんど彼を見かけることはなかったのだが――、このぱっとしない人物は私たちの大隊長だった。そしてダンケルクでまさに乗船というときに、ひそかに姿を消した。いったいどうしたのだろうか。その最後は伝説に包まれていて、何もわからなかったと認めた方がいいだろう。いずれにしても大いにありうることだが、単にフランスのために死んだか、不運にも捕虜になったと思っておいた方がいいかもしれない。貧弱な能力をはるかに上回る地位にとどめられたとしても、それは彼の責任ではもちろんない。彼以外にこうした例がないわけでもない。私たちには、一九一四年のジョッフルのような剛腕が欠けていたのであり、彼の配下にあった「青年トルコ」〔一九世紀末からオスマン帝国の改革をめざした進歩主義的改革派の通称。親西欧の知識人や学生、青年士官などがおもに担った〕のような何人かを大いに必要としていたのだ。そのなかにはまだ健在の者もいた。だが年老いて名誉のみを身につけ、事務室と器用さとにひたった長い人生で、使い物にならなくなっていた。

司令部が軟弱になった原因は、何よりも平和の時期になじんでしまった習慣のなかにあると思われる。書類狂は、それと大いに関係があった。たとえば第二部の部長は、第一義的重要性をもつ情報を関係将校にすら伝達しなかったが、かりに彼が私企業の大きな部の責任者だと仮定しよう。すると何が起きただろうか。事業主は彼を呼び出し、扉を全部閉めて、彼の悪いところをはっきりと指摘しただろう。そして「二度と繰り返すな」と容赦なく言って、仕事場へと送り返しただろう。おそらく彼は繰り返さないだろうと思われる。それでは私が実際に見た場合を考えよう。まず私が直属の上司から、次いで参謀長、次いで軍司令官自身から、咎めるべき将校に訓戒を与えてもらおうとするなら、それを書面にして提出しなければならないだろう。しかも悪いことに、この書面は位階制という神聖不可侵の規定に従って、軍団司令官宛てにする以外の道はない。というのはある等級から別の等級へは、司令官を通じてしか通信ができないからである。このような状況においては、問題は非常な重大さを帯びてしまうだろうし、誰もが私がこうした行為に乗り出すのを止めるだろう。私の書面には次々と手が加えられて内容が緩和され、たとえ威厳ある机に近づいても、結局は立ち往生してしまうだろう。これに加えて、「もめ事」への懸念、昇進がうまくいかない者には第二の性質として身についた駆け引きへの配慮、今日あるいは明日の権力者を不快にさせないかという懸念、などがある。ある日、私の提言に沿って、ある軍団への燃料の割り当てを減らし、その分を他の軍団に増やすことが決定された。そのため対応する二つの業務通達が出された。当時、参謀長代理だった次長は、削減の通知にはブランシャール将軍に署名させた。それに対して、消費の便宜をよくするという二つ目の軍団に宛てる通知には、自分が署名した。つまり彼は、悪いニュースには無関係で、よいニュースには全面的にかかわっているようにみえたわけだ。このようにして、みな自分の経歴に気を使うのである。不平を言うと、将来が危うくなる。あるいは少なくとも気持ちを強くもてないときには、こんなでは将来が危ういのではと、ときに見当違いに恐れたりする。とはいえ慣習とは本質的に迎合的なものである。長年の官僚制の間に、多くの無能な事例に対してみな慣れてしまった。それが悲劇的な性格のものになることは、めったにないからだ。時代は変わった。だが風習は変わらない。要するに平時の参謀部は、気骨ある精神を育てるにはよい訓練場ではなかったと言えば十分だろう。いずれにしても、それはあまりに明らかであった。*

＊　しかもここには大問題が一つある。ジョッフルの『回想録』第一巻ほど、それを明白に述べているものはない。ジョッフルは戦争の最初の数カ月間で、その地位から異動させざるを得なかった将軍の驚くべきリストを載せている(たとえば一九一四年九月六日に動員されたうち、現役歩兵師団長の少なくとも半数、騎兵師団長のちょうど半数)。だがそれだけではない。軍団のある将軍に関してジョッフルは「平時の精神状態から、戦時の精神状態への移行ができていないことを示した」と指摘しているが、これは「左遷」された指導者の大部分、すなわち結局のところ平時の指導者のほぼ半数に、明らかにあてはまるものであろう。しかし軍事教育なるものがすべてに備えながら、戦争についての備えは除外されているのなら、それはいったい何なのだろうか。(一九四二年七月)

＊　＊　＊

位階制の階段をともによじ登っていく二人の将校の、互いの感情を描写した言い回しが軍に古くから残っている。「中尉で友人、大尉で仲間、少佐で同僚、大佐でライバル、将軍なら敵」というものだ。私の周囲でそれとなく起きている高位の司令官同士の不和について、私がたっぷりと披露するのは難しい位置にあったことに、読者は気づいていることだろう。取り巻きはそれぞれの「親分」の周りに献身的に策謀の網を張りめぐらし、必然的に不和に油を注いでいる。指揮機関は嘆かわしくも増長し、あまりに具合よく彼らに対決の場を準備したにすぎなかったようだ。命令や情報は、折り重なっている多くの者の手を次々と介して伝えられるのだが、その数が多ければ多いほど、間に合うように届かない恐れが増すのであり、さらに悪いことには、こうして間に立つ司令官の数が多すぎると、責任感は彼らの間で薄められ、誰もしっかりと感じないほどにまで希薄化されてしまう。こうしたことをフランス軍では、誰も理解しなかったのだろうか。このフランスの軍における官僚制の欠陥は、あらゆる場面で猛威を振るった。すでに述べたことだが、燃料補給の勤務では、もし厳密に規則を守っていたら、三重の階段が軍の代表者と、命令を実行する者の間を隔てることになっていただろう。歩兵連隊長と師団との間では、師団歩兵参謀部が邪魔をしていた。私自身が一兵卒だったときに、私たちはそれを「遅延機関」と呼んでいた。その後、この異名の存在理由がなくなったとは、とても思われない。さらに上には、軍があった。軍集団は、原則としては単なる戦略上の調整機関であったが、しばしばこの役割から離れようとした。北東方面軍司令部は、アルプスを除くフランスの全戦線での戦争指導の任にあった。そして陸軍総司令部がある。この最後の二階級の司令部間で、すなわち人名を使って言い換えるならジョルジュ参謀部とガムラン参謀部の間で、権限が分割されたとき、私は総司令部の新組織についての説明を聞いた。講師はできるだけ明確に表現しようとしていたが、この話から多少はわかる結論ぐらいしか得られなかったのは、私だけではない。要するに私たちは大混乱へと、そして無限の重複へと向かっていたということだ。その後私の耳に届いたさまざまなうわさから、私たちは間違っていなかったことがわかった。とはいえ私たちは、寺院の奥の院に隠された三つ目の参謀部が芽を出そうとしているのは、考慮に入れていなかった。総司令官の事務部である。

　これらすべては、私からは遠いところで起きていた。その反対に、私は各部局の競争意識がどの程度か、正確に推しはかる機会には大いに恵まれていた。頂点の方では、総司令部(別名GQG)と軍総参謀本部(すなわち陸軍省)の対抗関係があった。

私が出会ったなかで最も傑出した将校の一人は、先ほど書記たちに配慮があったと記した中佐である。ある日彼は私に「参謀部には、部があってはいけないのだろうけれども」と言った。つまり彼は、こうした細分化はおそらく避けられないであろうが、危険をはらんでいると言いたかったのだ。なぜなら全体のなかの各部局は、ほとんど宿命的と言える傾向として、自分が一つの全体だと考える危険があるし、小さな閉じた社会は自分が中心だと思ってしまうからだ。第三部は、戦略家たちの避難所《アジール》で、口さがない私たちは「ブレーン・トラスト」とあだ名していたのだが、ここは普段は聖者のなかの聖者を演じている。将校たちは、すべてのなかで確かに重要かつ繊細な役割を担っており、それを誇りにしている。そのため軍事技術の純粋な源から離れている仲間たちとは、強いて緊密に協力しようとはしないのだ。ときには彼らは、実戦をやや蔑視しすぎている。しかし実戦なしには、作戦地図に書き込んだみごとな矢印も、無意味な記号のままになるだろう。別の理由から、秘密の崇拝に取りつかれている第二部も同じだった。何人か気難しいのを除けば、優雅な物腰はそのまま残っており、それはつんとした態度をうまいこと覆い隠していた。こうした交流のなさはいたるところにみられた。しかし私の経験では、司令部の頂点、つまり総司令部ほど恐るべき状態になっているところは、他にはなかった。

一月のある日、私は総司令部の第二部と第四部から共同行動を引き出そうとして、午後いっぱい使ってもうまくいかなかったことがある。想像がつくと思うが、問題は給油に関することであった。これが重要であるのは、誰にでもわかるだろう。ところが第三者を巻き込むことになるので、婉曲に言わなければならなかった。私には今日でもなお、第三者を巻き込む権利はないのだ。

小さな中立国の、フランス国境とドイツ国境からほぼ等距離のある箇所に、一つの燃料集積所があった。そこのタンクはかなり大きな容量なのだが、私のいつもの情報収集係は、容量について以外の情報も伝えてくれた。彼が言うにはこうだった。「もし貴隊がいつかこの地に進駐するときには、ご希望に応じて、いつもタンクいっぱいにして補給を容易にすることもできます。あるいは反対に、この貴重な資源がドイツ軍の手に渡らないよう、厳密に取引に必要なだけの量しか残しておかないこともできます。フランス軍参謀部が決定してください。指示が出ればどのようなものであろうと、その通りにします」。結局のところ問題は、ドイツが中立を侵害した場合、誰が先にこの地に到達すると司令部が考えているか、という点を知ることだった。つまりドイツ軍とフランス軍のいずれなのか、である。これは私の個人的能力をはるかに超えていただけではなく、そもそも国境のこの地域に進んでいたのは私の軍ではなかった。おまけにその軍は、私たちの軍集団にすら属していなかった。したがって総司令部に命令を聞きに行くより他に、道はなかった。

私はまず第二部に行った。他にも伝達する情報があったからだ。この重大な問題に話が及ぶと、第二部の人びとは「われわれの任務は情報で、決定ではない。第四部に行きなさい」。いわれのないことではないとはいえ、誰も私に同行するとは言わなかった。そして彼らはその理由をよく知っていたにちがいない。もしかしたら、作戦を担当する総軍参謀次長やその代理に直接働きかける方が、自然だったかもしれない。しかし門外漢が、聖域の扉を自ら叩くだろうか。そこで私は憲兵のあふれるラ＝フェルテ＝ス＝ジュアールの長い道を通って、第四部へ向かった。言うまでもなく、その各室は私にはすでになじみのものである。私は部屋から部屋へとたらい回しにされた。どこでも返事は同じだった。「敵のことなど、われわれにはわからない。フランス軍の補給は、貴殿に一任する。以上だ。そもそも貴殿の情報係は確かな男なのか。罠にかけようとでもしているのではないのか」。

「第二部は情報の価値を保証します」。

「ああ！　第二部か！　第二部は給油に口出しするのかね。もし第二部が貴殿の問題にかかわるというなら、そちらで続けてもらいたい」。

「ぜひそうしたいところですが、もしそれが第四部の意見なら、第二部に電話をしてもらえませんか」。

少なくともこの点については、私は満足行く結果を得た。ところが電話線の両端で進められる会話は、ややとげとげしい感がした。互いに責任をなすりつけているのだ。数分後、第二部は冷淡にこう言って終わった。「それは私には関係ないことですから」。このようにして、家主同士が境界壁について争うのである。誰も何の関心も示さないことがあるなら、それはフランス軍についてだった。私は生来、頑固者なので、第四部との話し合いを再開した。さまざまな階級を行き来して、最後は二人の中佐のもとに案内された。私は大いに熱意をこめて話をした。おそらく私の低い階級からすると、熱をこめすぎたのだと思う。私はふと、位階制を尊重する限界を超え始めていると気づいた。こうした顰蹙を買う行為は、やるべきことが首尾よく運ぶのを駄目にするだけなのは明らかなので、私はきっぱりと話をやめた。そしてやはり失望感にとらわれた。私が得たものといえば、いくつかの曖昧な約束だけだった。この問題は、たぶん各部担当総軍参謀次長に提案されるだろう。次長はおそらく、作戦担当の参謀次長にもち込むのがいいと判断するだろう……。面倒な男やうるさい男を厄介払いするには、その性分に少し譲歩したふりをしておかなければならないのだ。事実私はこの件について、以来いっさい何も耳にしていない。

それでも私は、国境の向こう側にいる「シンパ」に返事もせずにそのままにしておくことは、我慢できなかった。彼は自分に危険が降りかかるのにもかかわらず、まったく無私無欲に、私たちに支援を申し出てくれたのだ。この提案が実質的にもたらす利益は、いかにも明らかであったが、ことはそれだけにとどまらない。沈黙したままだと、フランス軍司令部が優柔不断であると外国人に示すようなものであった。フランス軍自身は、そのことをいやというほど知っていたのであるが。私の仲介者は軍人でないフランス人の友人だったが、彼と意見が一致して、向こう側に「タンクをいっぱいにしておくな」と伝えた。これは恐ろしいほどの権力の濫用である。しかし事態の進展から、私はさして後悔することはなかった。私たちの予想通り、ドイツ軍は動乱が勃発すると、まさしく私たちより先に着いたのだから。

やはり燃料資源の調査から、ドイツ軍に対して私たちが遂行していた、あるいは準備していた戦争のほかに、いかに大きな別の戦闘が域内で行なわれているかを、私は知ることができた。この戦闘は、総司令部と参謀本部、ラ゠フェルテ゠ス゠ジュアールとパリを対決させることになったが、こうした対立の伝統は、おそらくシャンティイ〔第一次大戦時の総司令部所在地〕の日々の、ジョッフルとガリエニにまで遡れるだろう。最初の調査ではベルギーの集積所について、まだ不完全な情報しか得られなかった。私たちの情報提供者は、もっと情報を送ってほしいとのみ言ってきていたが、どのようなルートで彼に私たちが必要とするものを伝えられただろうか。パリに呼び寄せるなどという考えは、問題外だった。他方で彼は、大使館付き武官とあえて接触しようとしていなかった。実際もし武官が訪問したら彼は巻き込まれる危険にさらされただろう。また秘密情報局の諜報員たちとの接触も避けた。彼らは名誉ある立派な卸商と話し合うよりは、報酬目当ての情報提供者を操るのに慣れているが、燃料について語る能力はさほどなかった。最も単純なのは、フランス人仲介者に仕事上の旅行というまったく自然な口実で、直接ブリュッセルに行ってもらうことに思われた。この問題を注意深く追跡していた軍集団第二部も、同じ意見だった。残るはこの無償の使者に必要な査証を手配することだった。それも、多大な犠牲を払っての移動で時間を無駄にする上に、さらに警察や大使館の控え室で長い時間を浪費させないような査証を入手することだった。これに大した支障があるようには見えなかった。私に、単に近しい人の信頼に応えるべき理由があったというだけではない。彼自身、パリの商業界ではよく知られた評価の高い人物であり、職業上の活動からも、国防関係者ともたえず接触があった。ついに軍集団と、その上級の総司令部が、保証してくれることとなった。しかしそれには陸軍省の第二部を経由しなければならなかった。ところが軍集団が、自分の署名の分と同様に、総司令部の名のもとにも迅速に推薦状を書いてくれたにもかかわらず、あるいはまさにそれゆえにこそ、陸軍省は何も聞こうとはしなかった。「われわれはこの人物を知らないし、何をしようとしているのかも、知るところではない」(言うまでもないが、それらについては十分に知らせておいた)。「われわれはいかなる責任を取ることも控えておきたい。自分で何とかするように」。実際、彼は面倒な手続きを経て、自分で何とかした。その面倒な手続きは、幸いに彼の個人的な関係のおかげで少しは短縮することができた。ことここに及んで、私は本当には単一のフランス軍というものは存在せず、軍のなかにいくつもの保護された禁猟区があるということを、以前よりもよく理解したのだった。

私はこのことをより明瞭に、さらにずっと悲劇的な状況下で見る羽目に陥った。それはノルマンディで、フランドルの生き残りの兵をもって武装兵力らしきものを再建するときであった。そのとき私たちは、たえず将軍から将軍へと訪ねてまわっただけではない。将軍は一日のうちにも変わることがあったし、また指揮につくとそれぞれが前任者が着手したことを、何しろ解体しようとするのである。私たちの頭上で、また私たちを犠牲にして、あるいはむしろ国家を犠牲にして、総司令部と陸軍省の貪欲な対立は続けられた。少なくとも初期には、理論上私たちは陸軍省に属していた。なぜならノルマンディは前線からきわめて遠い地方だとみなされており(もっとも前線は当時からソンム県にあったのだが)、軍隊の守備範囲に属していなかったのだ。しかし私たちを利用することになったのは、総司令部だった。強調するまでもなく両者の対立は、私たちの再集結と再武装を速やかに行なう役には立たなかった。敵は文字通り、市の門前にいた。それもすでに門の内側にいたのだ。ところが諸党派は、自らの不和をあえて隠そうともしなかった。しかもこの場合政党ではなく、軍事的党派であり、それだけにいっそう罪深いのである。

＊　＊　＊

軍職を選んだ者にとって個人的勇気は、あらゆるすべての職業的徳性のなかで、もたざるを得ない最たるものだろう。実際に勇気は集団の良心には必要不可欠であり、おのずから備えているとみなされるほどである。現役将校の大多数は、この愚直な伝統に忠実だったと私は確信している。あちらこちらに例外はあるだろう。私は前大戦中の一つ二つの例を知っているし、今回の戦争でもいくつかは目にしたと思う。だとしても、それは集団の名誉を傷つけるものではなく、単に人は見かけによらないものだということ、また自分が何に取り組むのか思い浮かべもせずに、ある職業を選ぶほど想像力がない人間がどこにでもいるということを、証明するにすぎない。たとえば、駐屯地の生活がおそらくはある日、戦争にいたることに気づかぬままに、兵士の職を選ぶようなものだ。何よりもこうした弱い人間は、結局は道を間違えた哀れな人びとである。危険を軽く見ることには、さまざまな色合いや程度が依然残っている。それについてやや詳しく話そうとすると、どうしても私たちの記憶にある密やかな羞恥心を傷つけてしまう。砲火を体験した者なら、そのことはよくわかるだろう。いかに不屈の者でも、ようやくのことで恐怖を抑えられただけだったという場合もある。他方、別のときにその同じ人物が、いささかの努力も払わずに無関心でいられることもあるようだ。あたかも無関心というものが、必要とされる行動や習慣から、あるいは単純に脳の均衡から自然に生まれたかのようである。

それに勇気とは、経歴や階級《カースト》の問題ではない。二つの戦争、とくに最初の大戦の経験から、私は多少とも健全な人間においては、これほど普通に広まっている精神はないと考えるようになった。少なくとも大多数が堅固な安定した信頼にたる脳をもち、屈強な身体のフランス国民においてはそうである。多くの将校が、勇敢な兵士とは乱暴で向こう見ずだったりならず者だったりすると考えているが、それは誤りである。私はその反対に、そうした乱暴者たちは少しでも長引くあらゆる危険に耐えきれないのを、いつも目にしてきた。兵士にとって勇気を証明するのは、自分の職分をきちんと行なうことである。誠実な人は、日常生活のなかでの習慣として、日々の仕事を果たしているのではないか。仕事台でも、畑でも、カウンターの裏側でも、そしてあえてつけ加えるなら、知的仕事の机でもである。そうした人はまったく自然に、爆弾や砲弾の下でも変わらぬ調子でその時の義務を行ない続けるだろう。丹念に成し遂げられた仕事に固有の必要性に、集団の本能が加えられる場合はとくにそうだ。集団としての本能もまた、仲間を見捨てることはしないという、なかば非理性的な衝動から、国民という共同体に対して犠牲になることへの同意まで、さまざまな色合いをおびている。ただし最も初歩的な形態から最も高いレベルへと、ほとんど気がつかないうちに導かれる。一九一四―一九一八年の戦争にさいして私は、ノール県やパ゠ド゠カレ県の炭鉱労働者ほど優れた戦士には出会わなかった。ただ、たった一人だけ例外があった。私は長い間そのことに驚きの念をもっていたのだが、ある日偶然に、この臆病者は「黄色組合」の労働者であることがわかった。つまり未組織労働者で、罷業破りのために雇われている者である。いかなる政治的な決意もここでは問題にならない。単に、階級の連帯の感情とは、すなわち目前の利己的な利害を越える可能性だが、平和時においてこれが欠如しているところでは、戦時においても同じ欠点が露呈される。ヴェルダンとソンムの歩兵は、兵卒も大半の将校も予備役からなる軍隊だった。もっと最近の話にもどせば、燃料廠やトラック留め置き場の信頼できる友人たちも、やはり予備役であった。彼らは炎を気にかけることもなく、何度も容器に火をつけた。容器の中身を敵の手に委ねてはならなかったからだ。彼らは火線の至近距離で戦車に補給したが、火線は非常に変わりやすいので、車の後ろに長い引き縄のようにゆれる給水管をもち上げる暇もなく、引きずりながら、何度も容器を持ち帰らなければならなかった。彼らは「後方勤務」とみなされており、大半は武器すらもっていなかった。そのなかに、かつては運転手という地味な仕事についていた、気高い兵卒がいた。彼はこの補給の任の間に致命傷を受けたのだが、収容されるのを拒んだ。「私はもうだめだ。行ってください。私のせいで、仲間に負傷してほしくない」。私は前の戦争の四年間に、つまり本当の戦闘の間に、このようなケースを何度も間近に見たが、ここでやめておきたい。もし続けるなら、明日まで語り続けてしまうだろう。

しかし今回の戦争では、部隊の士気の喪失が多く話題になった。とりわけ将校たちである。たとえば司令官が自動車で、恐慌を来たした徒歩兵をずっと追い越して逃亡したことが語られ、もち場放棄の例の数々が引用された。上層部から「われ先に逃げよ」が始まったことが指摘された。私はそうした場には居合わせなかった。しかしこうした伝説を大いに考慮に入れるからといって、個人として事件に立ち会っていなくてもよい。敗北した国民はすべて、ガヌロン〔裏切り者〕を探す。やむをえない場合は敗北の責任を何人かのせいにする。もっとも私自身危惧してはいるが、これらの噂がすべて作り話なわけでないことは認めよう。そして戦闘状態にある軍については、参謀部の仲間から何度も聞かされたように、「幹部の危機」*が実際にあったことを認めよう。この点においてもまた上級司令部の責任は、重大であった。

* 私は今日では、過去二年間に集めた多くの証言から、部隊の指揮における過失は、信じたくないことだが、敗北の直後においてさえ、まれなものではなかったと考えている。もちろんのこと、本文はこのままにしておく。しかし仔細にわたって真実を語ろうとするなら、それを強調する必要があるのではないか。告白するのはつらいことで、そうするには苦痛がともなう。おそらくは指導者層において〔現役将校、予備役将校を問わず〕ある種の徳性の危機が、想像されるよりも深かったのだと思う。すべてに悪影響を与えていたわけではなかったことも、みなよく知っている。こうした欠点とは異なって、同じ階層のなかで、勇気ある立派な行為もあった。このような対照的な事態が、歴史に含みをもたせるのが難しい所以である。同様に、国民のいくつかの層における集団としての徳性の危機、そして危機に対する同じ層の反動については、今日よく知られているところである。すなわち「対独協力《コラボラシオン》」は一つの確実な試金石だった。（一九四二年七月）

部隊の下級や中級の幹部は、大部分が歳をとった守備隊の将校たちだった。どのように思う人たちがいるにせよ、戦いの日々のなかで急に規則という支えがなくなったときに、装備点検、演習場での教練、内務訓練の些細なもめ事といった型にはまった日課が、人を直接指揮するのに有効だなどと考えられているとしたら、それはたいへんな幻想だ。新しい状況に見合った資質を伸ばすためには、市民的職業につく方がずっとよい学びの場だといえる。少なくとも、それらがわずかでも、人間的責任を取ることや、変化する状況に行動を適応させるといった、いくつかの要素を含んでいるならばである。小官吏のようなぱっとしない職業についていたという、あまり明るくない雰囲気も加味してほしい。威信を別にすれば、これこそが多くの中隊長や大隊長の、平時における生活状態だからだ。真に熱烈な者、あるいは義務という強力な感情のみに支えられた者は、これらの毒から逃れられる。すべての者がそれほどの高みに到達するわけではない。五月一〇日までの待機期間に、必要な粛清や、その結果としての若返りなどを行なえたであろう。若返りもやはり必要であった。性格が硬直化するのを防ぐには、芳醇な血の流れる体と、まだ柔軟な頭脳以上に確かなものはない。ナポレオン戦争期のコワニエ大佐〔一七七六―一八六五。ナポレオンが一七九九年に独裁権を握って以降ワーテルローの闘いまで、すべての戦役に参加〕もそのライバルたちも、確かに天才ではなかったが、熟した年齢にようやくなろうかというときだった。ドイツ軍はといえば、通りがかりにちらりと見ただけだが、フランス軍に比べると明らかに若い印象を受ける。もう知られていることだが、フランス軍では人員削減は行なわれなかった。それどころか、おそらくは少し余計に訓練をするという犠牲を払っても、予備役の下士官たちを少尉や中尉のポストにつけようと、十分に努めることすらしなかった。一九一四年の経験から、これら予備役の下士官たちの階級にこそ、どれほどの権威や能力や忠誠の源があるかわかっていたはずなのにである。私は大佐たちが予備役の下士官たちを妨害し、見習士官の課程に入れなかったのを知っている。彼らをあまりに必要と思ったのだろうか。それとも情けないことに、「コネ」が十分でないと思ったのだろうか。戦火で選別されるのを期待していたのだろうか。つまり彼らは戦争が四年も続かないという可能性を忘れていたのだ。一九一四年八月の緒戦から軍事作戦「海への競争」〔マルヌの闘い後の九月半ばから約二カ月間、仏独の間で英仏海峡に向かって立て続けに行なわれた戦闘〕までほども、続かないかもしれないことも。

私はすでに奇襲の効果について十分に強調してきたと思う。この言葉は、純粋に戦略的な意味においてのみ理解してほしい。教育者のせいで、戦闘をまったく異なるイメージのものとして心構えをしていた人びとは、予期せざる戦争のリズムに驚愕して大混乱に陥り、そこから精神的に麻痺してしまうのである。この心理的衝撃は、部隊の将校にも襲いかかる。それも宿営地、陣地、地方参謀部など、後方勤務に準じるところほど災禍が目についた。それでも他所と同じように、断固とした者が何人か毅然として試練に立ち向かった。前大戦で重傷を負った宿営地指揮官で、義勇兵として戦車支隊が離脱できるよう献身した人物を、私は知っている。それ以外では残念ながら、退却はおそらく不可避だったとはいえ、逃走であるかのようにみえる場合がきわめて多かった。敵に襲撃される前のことすらあった。総司令部はある軍管区の総指揮官を、部署に呼びもどさなければならなかったこともある。

この司令官は命令もないのに、敵がもうさほど遠くないという勝手な理由で担当の町を放棄していたのだった。これが唯一の例ではないが、似たような弱腰は確かに非難されてよい。いくらかは憐憫の情すら呼び起こしたにちがいない。同じ人物が別の状況においては、きわめて立派に振舞ったこともありえただろう。天の采配でおかれたところでは、日々の仕事は平時の仕事の延長であり、精神的雰囲気には何やら事務室や工兵管区のような埃くささがあった。何よりもそこは前線ではない、ということになっていた。しかし敵が契約を破ったのだ。これらの誠実な僕たちは、武装するには大半が歳をとりすぎていた。彼らにはあらかじめ、機動力の高い戦争においては後方はつねに前線になりうると説明しておいた方が、よかったのではないだろうか。

＊　＊　＊

恐ろしいのは、この混乱がさらに重責のある人びとにも襲いかかったことだ。参謀部の最も重要な任務を帯びている何人かの将校たち、とりわけ作戦指導を専門にする将校たちの間に、ほとんど日ごとに混乱がぞっとするほどに広がっていくのを、私たちの多くが恐怖をもって目にすることができた。この病の初期の兆候は、まだ外面的なものだった。血迷った目、刈りそろえていない髭、何でもないことにひどく興奮したと思うと急に奇妙なほど落ち着くといった過敏な神経。だれか司令官が「それが何になるのだ」などと言い出したら、戦闘部隊は注意せよ。次いで絶望の波が高まると、それは何らかの行動につながることもなく、逃げ場を探すかのように無気力そうな怠惰のなかに沈み込んでいくのだ。私は第三部の肘掛け椅子のあたりに漂う不振の様ほど、気力を失わせる光景を見たことがない。もちろん人は、ときにはまったくありえない幻想にしがみつくこともある。とりわけ自分以外の者が率先して救済にあたっているときには、そうだった。そうしてアティッシュでは日がな一日、救援部隊が「強行軍で」アラスとバポームへ進んでいるらしいと聞いて、そうしたイメージに浸りきっていた。それに続いては、意欲が完全に萎えてしまうまで落ち込んだものだった。こうした例の一つは上層部にみられた。仲間の一人はある日、軍団長がランスで「将軍、やりたいようにしたらどうですか。ともかくも、何かはしたらどうですか」、という言葉でブランシャール将軍に話しかけるのを耳にしている。

私はというと、もっと悪いことを聞く羽目になった。私はおそらく無遠慮だったが、それは意図してのことではない。すべての災いは私の夜の習慣に起因している。私は戦闘の間ずっと、地下室に寝たいとは思わなかった。もちろん虚栄心からではない。もっと単純に、確率計算の合理的で論理的な考えによるものだ。というのは私は不幸にしてリウマチがひどい。一晩湿気に触れた場合、私の見積もりではおよそ九〇パーセントの割合で体が動かなくなる可能性がある。これに対して戦闘司令部が直撃される可能性はきわめて小さく、どれほど考慮する必要があっただろうか。とはいえ、都合のよいねぐらがいつもたやすく見つかったわけではない。ランス以来、私たちは担架を寝台として使っていた。アティッシュでは、私は一階にある事務室のなかに、自分用の寝床をしつらえた。経験の結果、この選択は適当ではなかったとわかった。当直ではなかったのに、部屋に入ってきた将軍たちは私に気づくと私を眠りから引きずり起こし、何か尋ねごとをしたり、迷路のような宿所の案内をさせようとしたりということが、二晩続いたのだ。横になったまま、「隣の同僚を起こしてください。今日は私は当直ではないのです」などと彼らに答えるわけにはいかないではないか。

三日目の夜、つまり五月二五―二六日の夜に、私は断固もっとよい場所を探すことに決めた。二階にある一続きの部屋は私より上級の将校用だったが、それらの間に一本の長い廊下があり、ちょうど空き室に見立てることができた。そこで私の寝床をその場にしつらえてくれるように頼み、いつものように夜遅く一階で仕事が終わると、二階のその場所に数時間休みに行った。

翌朝、私は扉が閉まる音で目が覚めた。続いて会話が聞こえる。誰かが私の横の部屋に入って、その部屋の主と話をしているのだ。二人のいずれも、声を抑えようなどとは一切していなかった。訪れたのが誰かは皆目わからなかった。おそらくは高位の者だろうが、声は聞き慣れないものだった。だが答えている側が誰かは、わかりすぎるぐらいわかった。間違いなく、ブランシャール将軍の声である。しかも会話の言葉そのものに、私は躊躇する気持ちを一掃された。無邪気にも、廊下ですき間風のこない場所を選ぶことにだけ気をとられ、ぜひとも避けるべきだった部屋の敷居のところに身を置いてしまっていたのだ。何が起きているのかに気づいたときは、私がいることを知らせるにはもう遅すぎた。といって、交わされた言葉の一部を盗み聞きしたと認めることができただろうか。いかなるたぐいの嘘でも恐ろしいことだが、ここは狸寝入りをするしかなかった。そもそも誰も私に気づかなかった。そうこうする間も会話は続いた。全部がわかったわけではないし、そんな努力もしていない。耳に入ったなかでも大半は忘れてしまった。しかし一つだけ確かなことがある。いかに否定されても、絶対に確かなこと。それはブランシャール将軍が、信じられないほどの冷静さでこう言ったのである。「二重の意味で降伏がいいと思う」。しかしまだ五月二六日なのだ！　私たちにはまだ脱出するとは言わなくても、少なくとも一九一八年七月、シャンパーニュ戦線の前線で敵に小島のように包囲されたときのように、長期にわたって英雄的かつ絶望的に戦うことはできたし、多くのドイツ軍師団を消耗させながら背を向けずに戦い続ける手段はあったはずである。私はブランシャール将軍の言葉を、この後何日間か重大な秘密のように自分のうちに秘めていた。誰ともこの話をしたくなかった分、よけいに重い秘密だった。将軍の言葉に私は戦慄したが、今でもそれは変わらない。

実際この率直な言葉のなかに、私たちフランドルの軍の苦悶に、さらに悪いことには全フランス軍の苦悶に恐ろしい影を投げかけた、幽霊の正体が認められるだろう。「降伏」。これは真の指導者なら、たとえ内輪であっても決して口にしないたぐいの言葉である。考えてすらいけない言葉だ。また真の指導者なら、いかなる条件であれ受け入れられる保証がない限り、「敵対行為の停止」を要請しようという計画を部隊に告げたりはしない。それまで多くの栄誉に包まれていた元帥は、六月一七日にそれをしたのであるが〔一九四一年六月一六日に組閣したペタン元帥は一七日に対独降伏をした〕。人並みはずれた勇気をもつ仲間は私と同じようにこの悲しくも有名な演説を聴いて、こう言ったものだ。「おそらくわれわれは、互いにかなり自信がある。ところがいまや以前よりもかなり努力をしないと、危険にさらされるのを避けようとする本能に負けてしまう。なぜって戦争の最後の朝に死ぬなんて考えほど、いやなものがあるだろうか。普通の兵士は、これからどんな気持ちで戦うことができるのだろう」。真の指導者であるとは、何よりもまず、歯を食いしばることができることであろう。そしてみなにこの自信を与えることだ。真の指導者にそれができなければ、何びとにもできない。次に、何があっても自分の才能に絶望しないことだ。最後に、命令する相手のためにも自分のためにも、無意味な恥よりは実りある犠牲を引き受けることだ。以前は、愚かでもなく、個人的危険を前にして卑劣でもなかった者たちもやはり、あまりに簡単に不運を前にすると屈してしまったものだった。軍事史において、彼らの記憶には軽蔑のみがあてられる。「自分の周囲を見回してからというもの、私はバイレンのデュポンの気持ちがよくわかる」〔ナポレオン配下のデュポン将軍は一八〇八年、スペイン・アンダルシアの小都市バイレンで降伏した〕。このおぞましい言葉は、五月の末ごろ、私が現役の青年将校の口から聞いたものである。しかし、後の事件が証明したとみえるように、すべての努力を放棄したこの最終局面において、士気の阻喪が党派心や低劣な政治的野心をもたらしたのが事実であれば、彼はバゼーヌと言うべきだっただろう〔一八七〇年の普仏戦争で司令官だったバゼーヌはスダン防衛を放棄して降伏した〕。一九四〇年はバゼーヌの精神が勝ち誇ったときだった。

＊　＊　＊

指揮官が試練に毅然と立ち向かうには、過労に陥っていない肉体に健全な頭脳、というのが何にもまして必要である。バゼーヌは単に政治屋だったというばかりではなく、消耗した男だった。フランス軍の司令部で精神力が急速に崩壊したのには、仕事場の衛生状況の悪さが大きく関係した。ヴァランシエンヌでは最初から、おそらく状況は深刻だったものの、まだ混乱が起きるほどのことは何もなかった。ところが職務上、最重要の決定をすべき多くの将校たちは、徹夜をしたり、時間も不規則に急いで食事をしたり、さらには一日のうちに執務室から執務室へさまよいながら、あるいは書類から書類へと飛びまわりながら、救いをもたらすはずの落ち着いた思考の時間をもたずにいたのであり、私たちはそれらを驚愕して見ていたのである。おそらくは老骨に鞭打つことで、克己心《ストイシスム》の証明をしていると思ったのだろう。同様に、右から左へと走りまわることで、活動的だという幻想を抱いていたのだろう。それは老骨に鞭打てば必ず報いがくること、つまりスケジュールをきちんと組まないと真に実り多い活動はないことを、忘れているしるしである。参謀部では、最も平穏なときから、恒常的な混乱状態をあまりに簡単に受け入れていた。そうではなくて、前もって時間の編成をしておくべきだっただろう。戦争になればそうした時間編成は、厳格には守られないが、目指すべきものではあったはずだ。軍人社会では、ジョッフル親父がいつもぐっすり眠ったという伝説が誉めそやされるのを、しばしば耳にする。それならなぜもっとうまく真似しなかったのか。

しかし性格上の欠点は、知性とその教育に根本的な原因があると私は思う。

二〇年以上隔たった二つの戦争の間、私は陸軍大学出身の将校が「陸大にだまされた」と言うのを二度も聞いた。しかもこの二つの日付のときに、陸軍大学が同じことを教えていたというわけではない。グランメゾンの理論は、一九一四年の戦略家にはきわめて重要だったのだが、一九三九年にはこれほど司令官たちの精神に縁遠いものはなかった――グランメゾンに「この罪人め」と彼らの一人はどなっていた――〔グランメゾンは陸大の理論家。軽装備の部隊の必要性を説き、攻撃的であることを重視する理屈は、対独復讐に燃えた若者を多く死にいたらしめた〕。重砲への軽蔑、築城陣地への突撃の賞讃、何が何でも攻撃という教理。これらほど一九三九年の戦争観に反するものはなかったのだ。しかし授業の内容自体よりもっと重要なのは、教育方法が十分変化していなかったことだ。

T大尉は批判的といえば批判的な気質だったが、同時に指揮官としての真の気骨もあった。この大尉は、陸軍大学の教官たちが尊敬するようにと彼に一生懸命に吹き込んだ「一般的観念」を、おどけて非難するのがつねだったのだ。「一般的観念なんて、存在しないんだ」。私はこの非難を擁護することはしないが、実のところT大尉が本当に言いたかったのは、実証科学や技術の分野においては、観念は具体的事実のイメージあるいはその要約としてのみ価値がある、ということだ。そうでないなら観念は、わずかな空間しかもはや覆うことのないレッテルに帰着してしまう。教授ならみな知っていることだし、まして歴史家なら誰よりもよく知っているだろうが、教育においては事物の代わりに言葉を教えるほど危険なことはない。実際、若い頭脳にとって落とし穴は致命的である。ことに若い頭脳は、一般的に言ってすでに言葉に酔い、言葉を事物だととらえる傾向があるだけになおさらだ。まさしく、陸軍大学出身者たちは軍の知識人であり、その役割を意識することで優越感をもっている。私は彼らの大半が驚くほど形式に敏感であると、かねがね思ってきた。「自分の国土で戦うのは、何と悲しいことだろう」。一九一六年のある日、陸軍大学の優れた人物である大佐がこう言った。当時私たちは、ソンム県から始まる塹壕に向かっていた。この大佐はここから二度ともどらなかったのだが、彼は即座に言い直した。「場所などどこでもよい！　戦略の教えによれば、重要な目的はただ一つ、敵軍がどこにいようと、それを打ち破ることである」。収穫は荒らされ、工場は占拠され、フランスの銑鉄はドイツ軍の大砲の鋳造に使われる。こうしたことはすべて、精神が教科書の文言に言い訳を求めるときには、もはや何の重みもないのだ。テーヌは、恐ろしく錯綜した書物のなかでも、きわめてしっかりした数ページのなかで、ナポレオンの天才の最も特徴的といえる要素の一つとして、記号の裏側に真実を見出す力が一貫してあったことをあげている。今日のナポレオンの継承者たちは、この至高の技術の多くを失ったままにしているのではないか。六月一七日、レンヌでは「陣地」という美しい言葉に、まだ酔っていようとしたのではなかったか。あたかもこの言葉が媚薬であるかのように。

受動的にしか受け取られなかった教育は、すぐにも消え去ってしまう跡を残すだけだという危険がある。それに対して自分自身で身につけた教育は、精神により大きな痕跡を残す。私たちの指揮官や仲間の間には、陸軍大学の元学生で、多少とも今度は自分が教壇に立ったという者たちがいた。軍が実践するすべての行事のなかで、教育に関することは実際のところ最も流行っていたし、上等兵候補教育の学科から参謀部要員の学問的な教科にまでおよんだ。それは学校の大きな巣箱といった様相を呈していた。私自身、授業担当者の職業組合に属していて、残念だが最も若い方ではなかったので、次のように言うことができる。すなわち年配の教育者には、つねに少しは警戒すべきだということだ。彼らは職業生活の過程で必然的に、言葉の公式《シェマ》という武器庫を作り上げており、この公式に彼らの知性はとうとうしがみつくことになってしまった。ときにはかなりさびた釘に、引っかかろうとするようにである。しかも信念と教理を重んじる人間なので、多くの場合疑うこともなく、反抗的な生徒よりは従順な生徒を優遇する傾向がある。徹底して柔軟な頭脳をもち続け、自分の偏見を前にこれらの職業上の罪を免れるほど解放的な批判的感覚を保っている者は、少なくともまれである。受講者が部下で、逆らえば必然的に規律を乱すことになる場合、さらに危険はどれほど大きくなることか。参謀部の高官は、すでに熟年になった教師でひしめいており、第三部もたいていの場合、選ばれた優等生たちでいっぱいであった。これは新しいものへの適応という点からすれば、好ましい条件ではおそらくあるまい。

陸軍大学では生徒たちにたくさんの事柄を教えようとしていたことを、私も知らないわけではない。私の手元には、生徒たちのノートがある。数字や時間の計算、射程や弾薬、燃料消費についてのデータがぎっしりつまったものである。これらは文句なくきわめて有用だし、一般的によく知られているものだ。しかしその他に、図上作戦《クリーグスショピール》がある。これは不可欠だが危険なものである。教官と生徒が、さまざまに色分けした矢標を動かしながら、地図上で部隊を操作するのを見てほしい。両者ともにどのような想像力があれば、これらの印の背後にある現実をつねに心にとめておけるだろうか。縦隊の困難な前進、途上での種々の事件、爆撃、避けがたい遅れ、時間通りに用意されない食事、道に迷う連絡将校に理性を失う指揮官。どのような頭脳の柔軟体操が、不測の事態、つまり何よりも敵の動きを十分に考慮するために、とくに必要なのだろうか。

確かにこの敵というのは、戦略を実際にあざむいてくるものだが、前もって敵が何をするかを見抜き、それに沿って反撃を準備しようとする者は誰もいなかった。不幸にもこの戦争においては、一九一四年八月やニヴェル将軍による攻撃前の一九一七年春と同じように、しっかり学んでいない者は自分に期待されたことを決してしなかった(一九一六年にペタンの後をついでヴェルダンの攻防戦を制したニヴェルは、その手腕を買われて翌年四月、シュマン＝デ＝ダムの闘いを指揮するがこれは失敗に終わり、多くの人命を失った)。十分予測しなかったことが、本来の意味における過ちだったとは、私は思わない。予測とは、多くの細部がわかってはじめてできることである。だがいつも予測されるときは、わずかな可能性にのみ基づいているのだった。私たちが「ディル作戦」(ドイツ軍の侵攻を想定して連合軍が策定していた反撃計画)を念入りに仕上げたのは、誓ってもいい。私がこの作戦で果たした役割はつましいものだが、もし記録が焼かれていなければ、戦闘予定の九日目にベルギーで燃料補給をどう組織したか、話すことができただろう。残念なことにこの九日間、それ相応のわけはあるのだが、もうベルギーに集積所はなかったし、後方にもほとんどなかった。何よりも平時の学校では、みな作戦の問題、戦術の理論、書類などを過度に信仰するのに慣れてしまっていた。一言で言えば、書かれてある通りにすべてが起きていくのだと、無意識のうちに思い込んでいたのである。ドイツ軍が、陸軍大学での規則に沿うような役割を演じるのを拒否したとき、みな途方にくれてしまった。立場上、反駁できないような質問にぶつかったまずい講師のようであった。みな万事休すと思った。したがってすべてが失われるがままにした。というのは、これまで戦闘は、教義や言葉に束縛されており、それを指揮するには、現実主義、決断、即断即決の精神によるしかもはや道はなかったからだ。ところがあまりに形式主義の教育は、こうした精神に向けて頭脳を鍛えてくれてはいなかった。

あらゆる国で一般に研究されているような戦略は、歴史に具体的な内容を求めているのだが、必要を感じつつも具体的内容にはなかなかたどり着いていない。しかし歴史以外にどうやって答えが見つかるだろうか。軍事技術《アール》というものは、直接実験するのが禁じられているたぐいの技術《テクニーク》である。もし自動車製造業者が新車の着想を得たら、その機能を評価するには試作をすればよい。それに対して戦争学の大家は、ある想定されたタイプの二つの軍隊がどう行動するかを、戦場で確かめようとするだろうか。数万人の武装した者たちを呼び集め、考えるままに編成して、互いに殺し合わせるなどということは誰もすまい。もちろん多くの大作戦があるが、それはまさに互いに殺しあわないからこそ、かつての名称で言うこれらの「対抗演習」は、わかりきったことだが、真の戦争について奇妙に歪められた像しか提供しないのである。ときには現実に近いといいながら、グロテスクなほどに変形されている。こうした状況においては、過去の事例を頼りにするしかない。それらこそ私たちにとって、自然な実験なのである。

それではフランス軍の戦略上の準備の欠点については、歴史が関係する部分を私たちは責めるだろうか。誰もそんなことは考えなかった。「歴史は私たちを欺いたのだと考えるべきだろうか」。この疑問は、ノルマンディに私たちが滞在していた最後のころに、陸軍大学を出たばかりと思われる青年将校の唇から読み取ったものである。彼が受けたいわゆる歴史教育に疑問を投げかけるつもりなら、私はこれに同意する。しかしその教育は歴史ではなかったのだ。実際のところ、その教育は、自ら代表すると信じる科学とは、正反対のところにあった。

なぜなら歴史学はその本質からして、変化の科学である。まったく同じ二つの事件が起こりえないことは歴史においては知られているし、歴史はそういうものとして教えられる。諸条件が正確に一致することはありえないからである。歴史学は人間の発展の過程に、恒久的ではないにしても、少なくとも持続する要素を見分けるものであろう。それは同時に、そうした要素の組み合わせがほとんど無限にあるのを認めることでもある。また歴史学は、ある文明から別の文明へという変化において、細部の一つ一つが同じ繰り返しではなくても、少なくとも発展の大筋に一定の繰り返しがあると仮定するものである。そうであるなら歴史学は、双方の文明において、主要な条件は似通っていると確認していることになる。歴史学は未来を洞察しようとするものだし、私はそれが不可能だとは考えていない。とはいえ歴史学のもたらす教訓は、過去は繰り返され、昨日あったことが明日もそうだということではない。歴史学は昨日がいかに、そしてなぜ一昨日とは異なっているのかを検証し、その比較において、今度は明日がどのような意味において昨日と異なるのかを、予見する手段を見出そうとしているのだ。研究のノートに過ぎ去った事実が残す線は、決して直線ではない。そこには曲線のみが刻まれている。しかも敷衍して漠とした未来へ延長しようとするのは、これらの曲線なのである。歴史学の対象に固有の性質からして、実験の徒がなしうるようには、歴史学が現実の諸要素を思うように修正できないのは、何ら問題ではない。諸要因の自然な変化が現象の変化を引き起こす、その間の諸関係を読み解くには、観察し分析することが必要である。それによって歴史学は、物事の存在理由とそれらの変化の理由を明らかにするのである。一言で言うなら歴史学は、間違いなく経験科学である。なぜなら、現実は知性を用い比較方法を使って分解できるが、歴史学はこの現実を研究することで少しずつはっきりと、原因と結果の間の並行する往復運動を明らかにしうるからである。物理学者は「酸素はガスである。なぜならそれ以外の形で私たちが酸素を目にすることはないからだ」とは言わず、「酸素は、私たちの周囲では一般的であるような、ある一定の気温と圧力のもとでは、ガス状になる」と述べる。

同じように歴史家は、二つの戦争が相次いで起きても、その二つの間の時期に社会構造や技術、心性《マンタリテ》などが変化したのであれば、それらは決して同じ戦争にはならないことをよくわかっているのである。

ところで歴史教育は、どこの軍事学校でもほとんど変わることなく実施されていたのだが、これに対しては次のような単純で反論できない事実ほど恐ろしい告発はないだろう。すなわち一九一四年の指揮官に向けては、一九一四年の戦争はナポレオン戦争と同じだろうと教えこみ、一九三九年の指揮官に向けては、一九三九年の戦争は一九一四年の戦争と同じだろうと教えこんだことである。私はかつてフォッシュ将軍の有名な講演に目を通したことがある。記憶が正しければ一九一〇年ごろのものだ。講演にこれほど驚愕させられるのは稀である。確かにナポレオン戦争の分析は見事であったが、時間の変化を考慮せずに例としてあげられているのだ。語りのついでに、あちらこちらで軍備の相違や戦場の設備の相違について、いくつか指摘がなされていたのを見つけることはできると思う。しかしそれで十分だっただろうか。どんな叙述よりもまず読者に呼びかけ、次のように言うべきであった。「注意してほしい。これから語ろうとする戦闘は、道路も今日よりはるかに少なく、輸送もほとんど中世的な緩慢さであった国々で起きたものである。戦った軍はといえば、火力はわが軍に比べるとずっと劣っていて、また機関銃も有刺鉄線もまだ発明されていなかったので、銃剣を最上の武器としていた。この戦史から、それでも何らかの教訓を引き出すとするなら、これらの新しい要素が作用するところではどこでも、そうした要素をもっていなかった古い経験はすべての価値を失うことを、つねに念頭におくという条件のもとでなければならない」。フォッシュの最近の後継者の著作や講義に、私は直接には接していないことは認める。しかし結果を見れば、後継者の精神も発展していないことが確認されるだろう。

もっとも一九一四年の司令部は、一九一八年の司令部になった。流血を招く多くの失策はおかしたが、司令部は手法を修正し、適用した。一九一八年初頭のある日、熱烈で器用な教育者だったグロー将軍は、私を含むさまざまな階級の将校に、歩兵二箇中隊を披露してくれた。一隊は一九一四年式で戦闘動作もそうだったのに対して、もう一隊は編成も装備も戦闘動作も新しい型であった。両者の間には目を見張るほどの差があった。しかしこれは軍の基礎の部分における一例にすぎない。変貌は戦争の仕方そのものの総体を変えるほどになっていたのである。なのに一九四〇年の指導者たちが事物の教訓を素直に受け入れられないとは、どうしたことだろう。

期間が桁違いに異なることは、おそらく大いに考慮すべきだろう。戦争が急激に進んだなら、どうやって初期の誤りを正す時間があるだろうか。一九一四―一九一八年の参謀部が四年をかけられたところを、私たちには数週間しかなかった。戦いの真っ只中で、戦術の大転換をするなど、卓越した才が必要であったろう。しかも物資状況からすれば、不完全にしかできなかったに違いない。事が起きる前に、戦略上の問題に関する新しいデータの分析ができなければならなかった。ところが前もって、単純に知力によってのみ予想され分析された現実に適応すること。それこそ大半の者にとっては、直接観察された事実に即して徐々に行動することよりも、ずっと困難な精神の訓練となるのである。

しかしこうした点を指摘したからといって、すべてが説明されるわけではないし、弁解としても十分ではない。というのは結局のところ、平時のときに私たちがドイツ軍の手法や理論を何も知らなかったというのは、ありえないことだからである。とりわけ私たちは夏以来、ポーランド戦の例を目の当たりにしており、その教訓はかなり明らかであった。しかも基本的に、ドイツ軍は西方においては戦闘の再開を自制しなければならなかった。ドイツ軍は私たちに八カ月の待機期間という贈り物をくれた。それは反省と改革の時間にもなりえたはずなのだが、私たちはこの機を活用しなかった。なぜか。ここで人的、心理的要因を考慮しなければならない。その重要性はきわめて大きい。

一九四〇年のフランス軍の指導者は誰であったか。軍団か軍の将軍で、前大戦を少佐か中佐として戦った者である。その主要補佐官は誰だったか。一九一八年の中隊長である。さまざまな階級の者すべてが、前大戦の想い出に支配されていた。誰がそれに驚くだろうか。これらの栄光に包まれた経験を、彼らは単に話したり書いたりして一〇〇回も反芻しただけではない。また、ここから教育の素材を引き出しただけではない。それらの経験は、青年時代のイメージとして執拗に彼らの意識につきまとい、目に焼きついたものとしての輝きをもっていた。そしてその反響は、感傷的な記憶の奥底で響いていた。こうしたエピソードは他人には戦略の授業の単なる例にしか見えないが、彼らにとっては、また旧戦闘員である私たちみなにとっては、個人的に立ち向かった危険、自分の隣で倒れた仲間、間違った命令を前にした怒り、敗走する敵軍の光景を見る陶酔感などの、忘れがたい回想だった。彼らの多くが、一九一五年か一九一七年には、部隊の先頭に立って、まだ無傷の塹壕の攻撃に出発しなければならなかった。目を閉じれば、鉄条網のなかで配下の者たちが機関銃に倒れていくのが目に浮かぶという状況である。次いで参謀部に昇進すると、複雑で緩慢な作戦の準備に加わった。そこからいつの日か、勝利が生まれるはずだった。たとえば、まだ新鮮な戦術の試みだったマルメゾン丘陵の占領、一九一八年七月一五日のグロー軍のひそかな抵抗。彼らの受けた教育、あるいは彼ら自身が行なった教育では、変化は抗いがたいという法則を本能的に理解する素地はできていなかった。すでに見たことすでに成されたことの束縛から解き放たれるには、知力の非凡なほどの柔軟性が必要であっただろう。ところがあらゆることが、新しい戦争に勝利するには、前大戦で負けそうになった原因である過ちを避け、はじめて勝利を確実にした手法を再び採ればいいと、彼らに思わせるように仕向けた。私はある友人に二月ごろにこう書き送っている。「一つ確かなことがあります。もしわが司令部が失策をおかすなら、それはシャンパーニュ攻勢やニヴェル攻勢のときの失策とは違うでしょう」。ああ！　失策の野は果てしなく、昨日の英知は明日の狂気となりうるのだ。

おそらくは過去の魅惑は、年齢的にまださほど硬化していない脳にはそう強くは作用しなかったようだ。戦闘が展開されるにつれて、参謀部の青年将校のなかでも前大戦に参加していない者が、彼らの上官よりも通常はより正確に物事をみていたことが、少しずつはっきりと観察された。実を言うと、優等生にすぎる者は、教えられた教義に頑ななまでに忠実だった。そして不幸にも彼らは最も影響力のあるポストについていたのだ。その反対に、当初は教師の言葉にかけて誓ったものの、後には受けた教育を厳しく評価するようになり、その知的束縛を揺さぶり始める者たちも多くいた。一九一四年あるいは一九一八年に戦闘員だった者で、老年には程遠いながらもっと年長の将校の間にすら、頭の切り替えができない者ばかりではなかった。それでは何だ！　わが軍の司令部は、老人だらけの司令部だったというのか。

平時における昇進の規則では、四〇歳で少佐、六〇歳で将官になる。そして一般によくあることだが、これら白髪の人物は栄誉をにない、場合によっては過去の栄光に包まれており、過去の武勲の日々に自分自身が若かったことを完全に忘れてしまっている。そのため後進の道をさえぎることしか考えていないのである。開戦の少し前には、軍隊機構に新しく二つの階級を作る法ができた。これには十分な注意が払われなかったのだが、長いこと軍隊には、師団の将軍より上の階級は存在していなかったのに、この法によって政府もしくは総司令部の辞令一枚で、それに相当する将官の資格が付与されるようになった。一枚の辞令で一軍、さらには全軍の司令官にも、一軍団、あるいは単純に一師団の司令官にも任命できるのだ。しかし天上の玉座の周りに何段もの長い階段がないのは、本当の楽園だろうか。ある日、それまで単なる職務だった軍司令官と軍団長のポストが、階級となることが決められたわけだ。いささか幼いとはいえ、栄誉に飢えている幾人かの自尊心を満足させる、罪のない手法だとみなは言うかもしれない。しかし、罪がないとはとんでもない！　なぜなら階級が違うと、規律上、決定的に最高指揮官が指揮権を行使するからだ。たとえば若い少将は、少なくとも形式的に軍団長に進級していないと、〔それより上位の〕軍の指揮をすることが今後はできなくなる。なぜなら一度新しい単位の指揮を執ると、彼は理論上、この階級に従属する者を支配下にもつことになるからである。ところで階級の移動は当然のことながら、規則や慣習にしたがうが、それは単なる職務の変更よりはるかに時間がかかるし困難である。軍事参議院のメンバーは、自分たち自身が鼓吹したに違いない改革で、みな軍司令官の新しい高位につき、それ以後は何があろうと、武装した国民の指揮を執り続けるのだという希望を抱いたのだった。実際には、もしこの制度が前大戦期にあったとしたら、一九一四年の中佐——デゥブネといったが——が一九一八年にモンディディエとサン＝カンタンの勝利に際して第一軍で指揮をしていることはなかっただろうし、またペタン大佐——青年時代のペタンだが——が、栄光ある地位を急速に這い上がり、ついに夏のある晴れた朝、凱旋門の下で、全フランス軍の最前列で行進することもなかったのではないかと、私は思う。

いずれにせよ最初の失敗以来、上級司令部が非難を免れないかもしれないと気づいたとき、その立て直しに若い清新な者たちに助力を求めたのだろうか。軍のトップには参謀総長として、前大戦の総司令官の一人がすえられ、政府の技術顧問としてはもう一人別の総司令官が選ばれた。最初の一人は軍事参議院の副議長で、もう一人は同じころに陸軍大臣であった。したがって二人ともそれぞれの立場から、みなの目に不備が明らかとなった手法について大きな責任があった。年齢への不合理な執着と名声の尊重、そして経験への誤った信仰。これらは軍人社会においても、また文官の社会にまでも、相変わらず心理面で大きな影響を及ぼしていた。名声は確かに敬うべきであるが、それを守るためだけだとしても、死せる神々の深紅のかたびらで巻き込んでしまう必要があっただろう。また経験への誤った信仰は、いわゆる過去から教訓なるものを汲みとりつつも、現在を誤解することにつながるだけだ。実を言うとごく最近、少将になった者が政府の顧問団に呼ばれたが、彼はそこで何をしたのだろう。私は知らないが、かくも多くの星々を前に、彼の貧弱な二つの星は十分な重みがなかったのではないか、大いに気がかりである。フランス革命下の公安委員会なら、彼を総司令官にしたであろう。最後まで、今回の戦争は老人たちの戦争か、逆さまに解釈された歴史の誤謬に首まで突っ込んだがり勉たちの戦争だろう。あるいは陸軍大学や平時の参謀部の執務室や兵営が発するカビのにおいがしみこんだ戦争だろう。世界は新しいものを好む人びとのものだ。だからこそ、わが司令部はその新しいものに遭遇してもそれに備えることができず、敗北を喫したのである。脂肪太りで鈍重になったボクサーが、予期せぬ最初の一撃で狼狽したように、司令部は敗北を受け入れたのだった。

しかし私たちの指揮官は、もしも自分の才能に確たる自信をもてなかったのだとすれば、これほどの咎むべき自惚れをもって落胆に屈したのでは、おそらくないだろう。落胆することは、思慮深い神学では最悪の罪の一つに数えられている。心底では彼らは、防衛すべき国家と、兵士となる国民とに、あらかじめ何も期待しないよう準備を整えていたのである。ここで私たちは、軍事の領域を去ることにしよう。誤解はあまりに重大で、敗北の主要な理由に数えないわけにはいかない。その誤解の根はもっと遠く、もっと深くに求めなくてはならないからだ。

第三章　あるフランス人の意識の検証

一つの国民において、ある職業団体がなした行為の責任が、ただその団体のみに帰するということは決してない。国民という集団の連帯があまりに強力で、このような道義的な自律性が不可能だからである。それぞれの参謀部は、国が提供した道具を使って仕事をしてきた。参謀部は人間環境から生まれ出たのであり、その人間環境が参謀部自体を作り上げたのだ。そして参謀部はフランス社会全体が許容した存在である。それゆえに、ある誠実な人が、自分の経験に即して軍事指導部の罪や、敗戦における彼らの責任について思うところを精一杯述べた後で、そのままそこにとどまっているわけにはいかない。一種の裏切りの感覚を、必ずやもってしまうだろうからだ。公平であるためには、兵士の証言はフランス人としての意識の検証にまでおよばなければならない。

もちろん私はこうした役割に、喜んで取りかかるものではない。フランス人として自分の国について語ると、好意的にのみ語ってしまいそうになる。苦悩する母の弱点を明らかにするのは、つらいことである。歴史家として、私は誰よりも分析が困難であるのを知っている。分析があまりに不完全となるのを避けるには、最も遠く最も複雑な原因の細部、また人間科学の現状からすれば最も隠された原因の細部にまで、遡らなくてはならない。とはいえこの期におよんで、個人的な小さな良心のためらいなどは、どうでもよい。この決算書を私の子どもたちは読むだろうし、いつの日か未知の友人たちがこれに目にとめるだろう。そのとき、真実をねじまげて、ある過ちには厳しいのに、すべての市民が関係する過ちには気を使って沈黙している、という非難がなされるような状態を、私は受け入れることはできない。

＊　＊　＊

戦闘員が後方に満足するのはまれである。自分は地面に寝ているのに、仲間が柔らかなベッドに寝て日々過ごしているのを受け入れるには、とりわけ寛大な心が必要である。あるいは砲弾の下にいながら、客が離れることもなく安全のなかで収益を上げる店や、平和な魅力をかもす地方のカフェを、苦痛を感じることなく思い浮かべたりするには、何しろ寛大な心が必要だろう。ましてカフェのテラスでは、戦争といえば戦略上の考察としか思っていないのだ。戦闘は敗北に終わるのだろうか。そうなれば、二分された国民の間の亀裂は、延々と続く恐れがある。自ら払った犠牲を自覚している兵卒は、自分が役立たずなのを自分の責任として引き受けようとはしない。兵卒の批判を恐れる指揮官たちは、兵卒に軍隊以外の場に咎むべきものを見つけさせようとする。こうして背後からの一突きという、宿命的な伝説が誕生する。反動的な復興や軍部クーデタ《プロナンシアメント》には好都合な状況である。これらについては、いままで述べたところで十分に示してきたと思う。一九四〇年の老兵たちは、誰もこの不和の種を蒔く者に耳を傾けようとはしなかった。しかし後方もまた多くの罪をおかしたことを、認めざるを得ないだろう。

　そもそも後方という言葉から私たちが本能的に理解する意味で、真の後方というものはあったのだろうか。あるいはありえただろうか。一九一五—一九一八年の間の武装するフランスは、縦長に区切られた領土がいく筋か並ぶ形になっていた。危険の程度に応じて、それぞれの地帯は異なる色合いを示した。まず戦火激しい前線である。確かに前線は移動したのだが、それがサン＝カンタンの周辺からノワイヨンの郊外へと移っただけで、すさまじい退却を強いられたのだと思われていた。たかが車で半時間の距離なのにである。そこから少し行くと、やや狭い幅に広がった準後方地帯がある。ここは休憩用の宿舎のある地帯で、どちらかと言えばまだ砲火にさらされている。最後にいわゆる後方には、田園や都市の静けさが果てしなく広がっていた。おそらくときには突然警報が鳴ることもあり、それはほとんど悪評を買い、いっときはこの幸福な避難所の静寂は乱されるかもしれない。ユンカー機はパリの上空を飛び、ツェッペリンは爆弾を落としたし、またベルタ砲は不意に砲弾を、ときに公園の泉水に落下させ、ときに教会の柱に命中させてさらに残酷な成果をあげた。私たちは壕のなかで家族のことを考えながら、震えていた。しかしもっと最近の記憶に比べれば、それは何ほどのことだったろう。

というのは飛行機からの爆撃と速度の戦争とが、このきれいに並べられた危険の配列に混乱をもたらしたからである。もはや脅威のない空はなく、機械化部隊の侵攻力は空間的隔たりというものを喪失させた。ブルターニュのレンヌでは、数分の間に何百人もの人が死んでしまった。昨日はまだアメリカの奥地であるかのように安全だと思われていた場所である。ベリーの道路は機銃掃射を受けた。兵士であろうが子どもであろうが関係ない。もっともこれらの恐怖は、言われていたほど新奇なものだっただろうか。確かにその激しさや、とりわけ速さにおいて、空飛ぶ爆撃機は破壊的災禍をもたらすものとして先例がない。しかし戦争において、戦闘員のいる戦列そのものよりも、荒らされ飢えた農村に、あるいは略奪された都市の沿道に、より多くの犠牲者が積み上げられるのが普通だった時代は、さほど昔のことではない。このことを覚えているのは、古い難解な書物を読む者だけだろう。一般の人にとって近い過去とは、都合のよいついたてである。歴史の遠い昔と、それが繰り返されるという悲劇の可能性は、近い過去が覆い隠してしまうのだ。殺戮されたのが戦士だけではなかったような野蛮な時代とは違うとでも言いたいのだろう。後方の人びとの間では、経理部でも駐留部隊でも、前線と後方は違うと考えたいようだった。

しかしそれを疑うべききちんとした理由が、いくつかはあったのではないか。おそらく心の奥底では、それほど確信的に信じていたわけではないのではないか。警告はつねにあったからだ。映画館では廃墟と化したスペインのすさまじい映像を見せつけられていたし、ポーランドの街々での受難は、次々と送られてくるルポルタージュで知らされていたのではなかったか。ある意味で私たちは、警告されすぎていたのだ。この点について私は確信している。空爆にこれほど執拗に執着する背後には、敵の宣伝は無関係ではなかった。もしも人びとの間でマドリードや南京、ワルシャワの運命がこれほど鮮やかに想起されなかったなら、多分パリは防衛されただろうし、無防備都市という迷信もこれほど作戦を妨げなかっただろう。私たちはあまりに他の都市の運命を聞かされて、大いに恐怖感を与えられていた。ただそれは、一般の共通の感情として不可避のことを受け入れたり、戦争の新しい状況や繰り返される状況に応じて、市民生活での士気を盛り上げたりするほど十分ではなかったし、使われるべき言葉も用いられていなかった。

私は憐憫の情に無理解な魂のもち主ではないと思う。二つの相次いだ戦争で見せつけられた光景で、私の心はいくぶんか冷酷になったかもしれない。しかし決して見慣れることはないと感じる光景がある。それは空襲を受けた村で、落ちてくる爆弾から逃げていく子どもたちの顔に表れていた恐怖である。この光景は、現実にも二度と目にしなくてすむよう神に祈りたいし、夢にもできるだけ出てきてほしくない。戦争が子どもたちをも容赦しないというのは、むごいことだ。子どもは未来だからというだけではない。子どもたちはあまりにもろく弱く、また責任がないために、私たちの保護を求めてあれほどに信頼をこめて呼びかけてくるからだ。ヘロデ王は、バプテスマのヨハネを惨殺したことについてのみ責められるのであれば、キリスト教の伝承でもこれほど厳しくは扱われなかっただろう。あがない得ない罪はいわゆる「幼児虐殺《イノサン》」(ヘロデ王がイエスの降誕を恐れてベツレヘムの幼児たちを殺したこと)である。

その代わり、国家の危機と国家の命じる義務を前に、すべての成人は平等なのであり、誰かが義務を免除される特権があるという主張は、奇妙な誤解である。戦時に帯びる意味において「文民」とは実のところ何であろうか。この言葉は、年齢や健康状態、場合によってはとくに防衛に必要と判断された職業のために、有効に武装するのが禁じられた者をさすのであり、それ以上のことは何ら意味していない。祖国に仕えるのはすべての市民が望んでしようとすることであり、それをこうして妨げられるのは不幸なことである。なぜ国家が共通の危険を逃れる権利を与えたのか、理解できないのではないか。間もなくすれば、私はもう動員されることはなくなるだろう。私には息子たちが取って代わるだろう。だがそれによって、私の命は息子たちの命より貴重になったのだと結論づけられるだろうか。それどころか、必要ならば、老齢の私を犠牲にして、若い彼らが守られた方がはるかにいいであろう。その昔にヘロドトスが言ったのは、このことである。つまり戦争が不道徳なのは、父が息子を墓に送り込むからだ。自然の法則に回帰したら、それに私たちは不平を言うだろうか。国民について言うなら、自分の運命の拠りどころとしている存在を犠牲にさせられる以上の悲劇はない。これら若々しい部隊に比しては、他のものは小さな比重しかない。私は女性も例外とはしない。子どものために救済が不可欠である若い母のみが、例外となろう。女性は祖母たちが失神するのを笑うが、私はそれは正しいと思う。男性に比べて、女性の勇気が自然のものでないとか、女性には勇気は必要ではないとかは思わない。職業軍隊の時代においては、専門の兵士は領主であれ傭兵であれ、雇い主のために血を流した。それと引き換えに、非戦闘員は年貢をもって彼らを養い、給与を支払っていたわけである。安全が危険にさらされるままであるなら、非戦闘員は専門の兵士を正式に訴えることができた。それは契約の解消となる。力のある者なら誰でも兵士になれる今日、危機にある都市では誰も集団徴兵を免れないし、それによる不自由や危険をも免れない。ここにこそ唯一明らかな道がある。それ以外は神経症か、あるいは単なる臆病である。

以上のような真理は単純にすぎて、わざわざ想起するのはややためらわれるほどである。しかし私たちが生きてきた過去数カ月の間、これらの真理にはつねにみなの合意があっただろうか。あまりに多くの行政官が自分の都市が防衛されないよう要請することで、なすべき任務に服していると思い込んだり、文民と軍人とを問わず、あまりに多くの指導者が公益という誤った概念にしたがっているのを、見せつけられてきたので、先に記した真実が共有されていたとは考えにくい。おそらくこれら小心者たちは、人間の命をいたわるという、それ自体きわめて感動的な配慮のみにとらわれていたのではないだろう。一九一四―一九一八年の戦争中に財産が恐ろしく破壊されたことは、痛切な記憶を残していた。国家の芸術作品などが無残にも傷つけられたし、何よりも繁栄が広範に損なわれたのは、よく知られていた。この二重の貧困化を改めてこうむるよりも、すべてを受け入れた方が賢明だと人は考えたのだ。文化にも経済にも、獰猛な国民に打ち破られるがままになる以上に、もっとひどい惨事があるかどうかさえ自問しない、奇妙な賢明さではないか！

ある日、人口が二万人以上の都市はすべて無防備都市であると宣言されることになった。これらの善良なる使徒たちは明らかに、田舎者どもの村は爆撃され、荒らされ、放火されてもいいと考えていたようだった。上層ブルジョワジーの都市なら、まあ少しは考えてみたまえ、というわけだ。こうしてソミュールの士官候補生がロワール川の上で殺されているときに、敵はすでに背後にいて、ナントの戦闘禁止の橋を渡っていたのである。

次のことを言うのには、勇気がいる。この集団的な気の弱さは、しばしば個人の気の弱さの総計でしかなかっただろう。命令もないまま無秩序に公務員たちは逃げてしまった。出発命令が、早まって出されてしまったかのようだ。国じゅうが避難しようとする熱狂にわきかえった。逃げる路上で、避難民のなかに、市の消防車に乗り込んだ消防団を見なかった者がいるだろうか。敵が進軍してくるとの報に、彼らは自分の身と財産を安全に守ろうと奔走したのである。それは命令によるものだったと、信じたい。鎮火の手段が火元から遠くにおかれるなら、そこではすべてが燃えてしまう。見事な官僚制度ゆえだ、という者もあるだろう。しかしである！　病はもっと深かった。ある工業施設ではドイツ軍が近づくと、主たる経営者たちが労働者への賃金すら確保しないで、われ先に工場を放棄したのを私は知っている。もし動員されていたら、彼らも最後まで義務をまっとうしただろうと、私は考えてはいる。「文民」のままであったために、彼らは戦時においては個人の職業的利益はもはや存在しないことを忘れており、また人からも十分にそう言われてこなかったのだ。武装する国民には、戦闘という部署しかない。

私は間違っているだろうか。私自身が老境に入り、若いときの思い出を前に、次の世代を低く評価したいという誘惑にかられているのだろうか。私には、動員可能な者たちの間でさえ、危難に際しての平等という、あの力強い衝動の何かが失われてしまっているようにみえた。一九一四年には私たちの多くが、その衝動で立ち上がったのではなかったろうか。おそらくわが国民は、兵役免除の例をあまりに多く見せられてきたのではないだろうか。それは仕方のない少しは屈辱的な必要として、というよりも恩恵、さらには権利として行なわれてきた。農民に対しては「免除されるのがなぜ労働者で、諸君ではないのか」、家庭の父親には「子どもたちは諸君を必要としている」、前大戦に出征した者には「二度、というのは、本当にあまりだ」ということが、言われ過ぎてきた。軍需省が改組拡張されたとき、この平穏な職務に予備役将校が殺到したのには、ややげんなりさせられた。彼らは「なんて退屈なんだ！　でも自分は必要とされているのだから」と口々に唱えながら出発したものだ。彼らは本当に全員がそこまで不可欠の人材だったのだろうか。ときには彼らの代わりに、もっと老年の者を充当することはできなかったのか。私は時おり、理解ある人が、少なくとも知識層の青年にだけは前大戦の致命的な大量殺戮のような目には合わせたくない、と言っているのを耳にしたことがある。私には、こういう感情もずれているように思える。マルヌやイゼール、ソンム川で、あれほど多くの俊才が命を落としたのは、確かに痛ましいことだ。私たちの精神の力は、長いことこの過去に苦しんできた。しかし戦闘の命運ということになれば、これに釣り合うものは、本当に何もないだろうか。敗北以上に、私たちの知的自由、文化、精神的均衡に確実に衝撃を与えるものは、ないのではないか。それゆえ、こうした犠牲を前にしては、いかなる例外も設けることはできない。何びとも、自分の命が隣人の命より有用だとする権利はない。なぜなら各人が、大小を問わず自分の領分で、自分が必要だと考える全面的に正しい理由をつねに見つけるからである。

青年の血を節約しようというこの配慮が、新兵の募集と教育が奇妙にも遅れたことに、何らかの役割を果たしていたのかはわからない。崩壊のとき、一九四〇年度の徴兵適齢者は大半が召集されたばかりで、実質的な教育はまだ何も受けていなかった。もう少し若い未成年はと言えば、大半の都市では年長者のあとに従うよう求められるだけで、彼らを対象とした軍事教育は一切準備されていなかった。この信じがたい怠慢については、何に責任があるのだろうか。指揮権か、政府か(しかし、もし参謀部が固執したとしたら、彼らは決定を変えただろうか)。理由については、私は詳しくない。際限のない待機期間の間、ほとんど死者もなく、指揮官たちは増援部隊の準備を忘れていたのだと考えるべきだろうか。戦闘が始まれば、一刻の猶予もなく増援部隊は必要となるものなのだが。しかしこのことは、ドイツ人の言を借りれば、この長い「戦争の堕落」がもたらした結果のなかでもましな部類のものではなかった。ドイツ軍はこうした言葉を使うことで、この戦争が私たちに何らかの恩恵があると、意識的に思わせようとした。「われわれには人員が余っているのだ」。これはある将校が、私の仲間に言った言葉だ。この私の同僚は、一家の長であったために送還されたが、軍役にとどまれるよう要請していたのである。武器が不足するのを恐れていたのだろうか。あるいは一九一六年組の不幸な記憶にさいなまれ、今思うに、軟弱な憐憫をという衝動に負けてしまったのか。一九一六年組は、ほとんど幼年期をすぎたばかりで、目に涙をためながらソンムの業火のなかへと突進していったのだった。いずれにしても私たちの指導者、そしておそらく私たちの指導者階級というものには、危機にある祖国への断固とした英雄的精神が、何か欠けていたのである。

＊　＊　＊

実を言えばこの指導者階級という言葉には、曖昧さがないわけではない。一九三九年のフランスでは、上層ブルジョワジーがすべての権力を喪失したことをとかくに嘆いていたが、それはずいぶんと誇張されたものであった。金融や新聞を拠りどころとする「名士《ノターブル》」の体制は、さして「終わって」はいなかったからだ。とはいえ、古えの主人が社会の操縦桿を握る時代が終焉を迎えていたのは確かだった。彼らの傍らには共和国の権力者として、群なす賃金生活者とは言わないまでも、少なくとも主要な労働組合の幹部が並んでいた。一九三八年にはミュンヘン協定の支持者のなかでもとりわけミュンヘン的〔ミュンヘン協定に象徴される対独宥和を支持する立場〕なある大臣が、世論にパニックの風潮を広げる手段として組合幹部が介入していることを利用した。そうした風潮は、自分たちの弱みを覆うのに好都合だったのだ。ところが今回の戦争における労働組合運動の過失は、参謀部の過失以上に否定できないものだった。

ここで、私が自分の目で見たのではないことを話しておきたい。軍需工場や戦前の工場が、私の視界からはずいぶんと遠いものであったことはおわかりいただけるだろう。しかし私はこの点に関して、あり余るほどの符合する証言を手にしている。それらは技師から労働者自身まで、きわめて雑多な階層から集めたもので、その結論を疑うことはできない。製造工程において、人びとは十分に働いていなかった。飛行機やモーターや戦車は十分に生産されていなかった。だからといって、賃金労働者が唯一の、そして主要な責任者だとは言えないと私は思う。彼らが好んで自分たちが無実だと弁解することはないだろう。労働者もそれなりに兵士の地位にあることを忘れて、何よりも自分の労働を高く売りつけようとした。つまりできるだけ少ない期間にできるだけ少ない労力で、最も高い賃金を得ようとしたのである。平時であれば、これほど自然なことはない。あるとき「さもしい唯物主義だ」と叫んだ政治家がいるが、この人物自身それほど純粋な精神主義に熱中しているとは思えなかった。とはいえこれは愚の骨頂である。労働者は人間労働を売るのが商売だ。毛織物商人、砂糖商人、あるいは大砲の商人は、少なく与え多くを受け取るという取引の大原則を労働者が適用したとしても、大騒ぎするのはためらわれただろう。しかしこの態度は、時期さえ違えばまったく正当だったが、危機に瀕し、戦闘員の犠牲を目の前にした国民の間では、完全に場違いであった。私の郷里の隣人は鉛管工で、ある工場に動員されたのだが、いかに同僚が彼の仕事道具を隠し、彼が工場の不文律の規定よりも多く、また早く作業しないようにしたかを話してくれた。これこそ生活そのものから取った、恐るべき告発状である。

おそらくは、国益を軽視する気風がある階級全体にことごとく広まっていたと想定するのには、不当な側面が多くあるだろう。私は例外がなかったわけではないという点に、喜んで同意する。しかし、国益軽視の風潮が広範に広がっていたことは、その結果が戦争の成り行きに重くのしかかるに十分だった。このことにはさらに説明がいる。

今回の戦争は前大戦に比べて、国民の深い感情に訴えるところがずっと少なかったと、さまざまな言い回しで繰り返し語られてきた。思うに、それは重大な誤りである。一九三九年に「ダンチヒのために死ぬ」つもりのフランス人は、一人もいなかった。しかし一九一四年に「ベルグラードのために死ぬ」つもりのフランス人も、一人もいなかったのである。当時のセルビアのカラジョルジェヴィッチ家〔親オーストリア＝ハンガリーのオブレノヴィッチ家に対し、一九〇三年に王位についたカラジョルジェヴィッチ家のペータルはロシア、フランスに物質的、精神的支援を求めた〕をめぐる陰謀の糸を織り成していた宮廷派《カマリーヤ》が、二五年後のポーランドの腐敗した「大佐たちの政府」〔ポーランドの独立後、独裁権を掌握したユーゼフ・ピウスツキが、スワーヴェク大佐を中心とする「大佐グループ」を登用したことからこう呼ばれる。一九三五年のピウスツキの死後このグループは自滅した〕に比べて、フランスの農民や労働者によりよく、またより正確に知られていたわけではない。宮廷派のほうがフランスの群衆の熱狂をかきたてたとしてもである。アルザス、ロレーヌはどうか。数日前にはまだあいまいだったのに、一九一四年八月に戦闘が始まるや突然にして、密やかな陰からその殉教者的地方の姿が現れたのは、確かである。しかしそれは、すでに合意を得ている必要から起きたことにすぎない。武器を手にしなければならないのだから、失われた兄弟たちをまず取り返さないことには、その武器を置くことはできないと考えられたのである。平時には、世論は何よりも自分の家庭の安全に気を配るものだ。石版画のアルザス人が美しい目をして〔祖国への復帰を訴えて〕いても、それほどの影響力があるわけではなく、その涙をかわかすためだけに心底から喜んで最も厳しい危険へと国をせきたてることなどは、世論が簡単に受け入れはしなかったのだ。

二つの戦争における大衆的激情の源は同じだ、というのが事実である。「やつら〔ドイツ人〕はみなに喧嘩をふっかけることをやめないではないか。そして何もかも奪おうとする。譲歩すればするほど、やつらはもっと要求してくるだろう。もうこんな調子で続くはずがない」。クルーズ県の小さな村で、ある隣人が私がストラスブールに行く少し前にこう話してくれた。一九一四年の農民も、同じことを言っただろう。しかも二つの戦争のうちどちらかがもう一方よりも、大衆の、とりわけ労働者大衆の内面的な傾向に一致したとするならば、文句なく二つ目の戦争であった。それはまさに「イデオロギー的」な性格による。この戦争は「イデオロギー的」だとずいぶん非難されたが、それゆえにこそ犠牲はさらに美化されたのである。一九一四年のアルザス、ロレーヌ解放のときとは違い、一九三九年の工場や農村のフランス人は、独裁を倒すために率先してさらなる血を流そうとはしなかった。しかし独裁に抵抗して、そして独裁の過ちによって始められた戦いにおいて、フランス人は偉大な人道的事業に奉仕しているのだという意識をもった。それを疑うことは、フランス人のように文明化《ポリセ》された古い民族の根底に、表立っては表現されていない気高さが隠されているのを、すべて無視することになるだろう。官製の宣伝のあさはかさ、腹立たしく粗雑な楽観主義、その優柔不断、そして何よりも戦争目的を誠実に決定できない政府の無能。何カ月も〔戦闘がなく〕無為に過ごすうちに、これらは開戦当初の生き生きとした明るさを、少し曇らせてしまった。しかし一九四〇年五月には、まだ動員の精神は息絶えてはいなかった。集結の歌を歌う者たちの上に、「ラ・マルセイエーズ」は祖国への崇拝と暴君への呪詛を、同じ息吹で休むことなく吹き込んでいたのだ。

賃金労働者の間においてはこうした本能はまだ強烈だった。もっと小心でない政府であれば、その炎を維持することができただろう。しかしこの本能も、集合的意識のより新しい趨勢に抑えこまれてしまった。私の世代の者たちは青年時代に、労働組合運動に最大の希望をかけていた。私たちは視野を狭めることなく、期待していたのだが、英雄時代の熱情は少しずつ視野狭窄の前に屈していった。それは必然的に、一時的な細かな利益のみを際限なく増大させてしまう、賃金政策のせいだろうか。あるいは微妙な外交や選挙の策略などが渦巻く、組合の指導者を混乱させる党派の策略のせいだろうか。あるいは労働行政を通して感染した官僚的習慣のせいだろうか。いずれにせよ、どこの国でもほぼ普遍的だが、組合が本来の道を逸脱したことは、一種の避けがたい宿命のようにみえるのは事実である。

周知のようにマルクスは、狭量な社会運動に「小市民的《クラインビュルガーリヒ》」という烙印を好んで押した。ここ数年間、そして開戦以後においてすら、大組合の大半の態度、とくに公務員の組合の態度以上に「小市民的」なものがあっただろうか。私も何度か、自分の職業である教員組合の会合に出席したことがある。

参加していた知識人たちは、何事についてもほとんど話し合うことはなかったが、唯一金銭について、それも大きな金額ではなく、小額のことのみを議論していた。国家における組合の役割や、実際上の将来のことなどは、彼らにとっては存在すらしないかのようだった。現在の利益というものが、彼らの視線を無慈悲にも限定していたのだ。私は他所でも同じだったのではないかと危惧している。郵便局員やさらには鉄道員について、私が戦争中に見たこと、そして戦後において目にしていることが、何かの理解に役立つことはまったくなかった。確かに彼らの大多数が勇敢であることには、何の疑いもない。場合によっては英雄ぶりを披露してくれた者も何人かいた。とはいえその集団、とりわけ代表者は、このような時代にはいやおうなく義務が増やされることについて、何か理解したのだろうか。私が言いたいのは、結局のところ職業意識の試金石となる日常勤務についてである。六月には西部のいくつもの都市で、私は次のことを目にした。すなわち哀れな女性たちが家路にたどり着こうと、駅から駅へ、両腕に抱えきれないほどの荷物を引きずって道をさまよっていたのだ。なぜかと言えば、労働時間の超過や通常以上の労働強化を従業員に課すことになるのを恐れて、駅では荷物預所を閉鎖するのがよいと判断したからである。この偏見、この管理の名のもとの窮屈さ、この人間同士の対抗関係、そしてフェルナン・ペルーティエ〔一八六七―一九〇一。ジャーナリストで、フランスにおけるサンディカリスムの創設者〕のようなダイナミズムからはほど遠い、活力不足の状態。これらは、独裁権力の最初の攻撃を前に、全ヨーロッパ、さらにはフランスにおいて組合が軟弱にも沈下してしまったことの説明となるだろう。戦争中に彼らが十分に活動的ではなかった要因は、これ以外にはありえない。

大衆受けを狙った響きのよい宣言がいくつか出されたが、それはどうでもよいことだ。組織化された労働者たちは、自分たちにとって可能な限り速やかに、また完全に、祖国の勝利と共にナチズムを敗北に導くことこそが最重要なのだ、という考えを深く理解することができなかった。もしナチズムが勝利した場合には、その追随者たちが必然的にナチズムから借用するにちがいないすべてのものをも、敗北に導かなければならなかったのにである。教え諭すことは真の指導者の義務であったはずなのだが、日常のパンを心配するよりもっと遠く、もっと高く、そしてもっと広く物事を見るように労働者たちに教えた者は、誰もいなかった。そうしなければ明日のパンさえ危うくなるかもしれないのに。今日、天罰の時を知らせる鐘は鳴った。無理解がこれほど厳しく罰せられることは稀であろう。

それに加えて、国際主義や平和主義のイデオロギーもあった。私は善良なる世界市民であり、最も排外的ではないと自負している。歴史家として私はカール・マルクスの「万国の労働者よ、団結せよ！」という有名な叫びがもっている真実を、知り尽くしてもいる。結局のところ私は戦争をあまりに見すぎたので、戦争が醜いものであり、同時に愚かしいものであることを知らないではいられない。しかし今私が告発した心の狭量さとは、まさにこうした感情を、他のやはり尊重すべき熱情と一致させるのを、拒否するものである。私は祖国を愛することが、自分の子どもを愛する妨げになるなどと考えたことは一度もないし、さらに言えば、精神、あるいは階級の国際主義が、祖国の崇拝と相容れないものだとは思わない。あるいはむしろ、自分の意識について自問しながら思うのだが、こうした二律背反は存在しないと感じている。心にもっと愛情を抱くことを禁じられているなら、それは哀れな心である。しかしここでは愛情の領域は横においておこう。自分に羞恥心をもち、大仰な言葉を恐れる者は、必ずや居心地の悪さを感じてしまうだろう。大仰な言葉はあまりに通俗化され、内面のことにかかわる精神の現実をしかるべく表現することはできないのだ。そして平和主義者が私たちを導こうとするのは、普通はこのような場にではない。

＊　＊　＊

平和主義者は何よりもまず利益を引き合いに出す。彼らは、自分たちに唯々諾々と従い、絶対の信頼を寄せていた弟子たちを重大な誤りに導いたが、それはこのいわゆる利益なるものから、世界の真の姿とはひどく異質な像を仕立て上げたからである。

彼らはフランス資本主義は、これに仕える者に過酷にすぎると主張していた。確かにそれは間違ってはいない。しかし権威的な体制が勝利すれば、労働者のほぼ全面的な隷従に行き着かざるを得ないことを忘れている。私たちの敗北を利用しようとする者が、自分たちの周囲でその機会をとらえようと、ほとんどそれを願ってさえいるのに気がつかないのだろうか。彼らは戦争とは無意味な荒廃を蓄積していくものだと教えていたし、それは正しい。しかし意思をもって行なおうと決心した戦争と押しつけられた戦争、あるいは殺戮と正当防衛との区別をするのを忘れていた。死刑執行人に首を差し出せと勧めるようなものではないかと、彼らに詰め寄っても、「誰も君たちを攻撃などしない」と答えたものだ。なぜなら彼らは好んで言葉遊びをしたし、おそらくは自らの思想を正面から見つめる習慣をなくしていたので、自分たち自身の曖昧さの網のなかにとらえられたのだろう。追いはぎがその犠牲者に向かって「お前の血をよこせ」と叫ぶことはない。「財布か命か」を選択させるだけだ。同じように侵略する国民は圧迫する国民に「自由を放棄するか、さもなくば殺戮を受け入れよ」とせまるだろう。平和主義者たちは、戦争は富裕者か権力者のすることで、貧しい者がかかわるものではないと宣言した。何世紀にもわたる共通の文化で強固に結びつけられた古い共同体においてすら、最も弱い者が是非もなく、最も強い者につねに連帯していたわけではなかったかのようである。彼らがささやきあっているのを私も耳にしたことがあるが、ヒトラー主義者は結局のところ、世の中で言われるほど悪意に満ちているのではないのだという。暴力によって侵略に反対するよりも、扉をみな大きく開けたほうが、おそらくは苦しみを避けることができるのかもしれない。占領区域で圧制のもと、飢餓にさらされている善良なる使徒たちは、今日ではどう考えているだろうか。

＊　＊　＊

平和主義者が説いていたのは、表面的には好都合に見える福音だったので、その説教は、怠惰にも自己中心主義的な本能に、たやすく反響を見出した。それはすべての人間の心の奥底で、もっと高貴な潜在能力の傍らに眠っているのである。これらの熱狂者は、個人的にはその大半が十分な勇気をもっているのだが、無意識のうちに卑怯者を作るために働いていた。知の厳しい批判なしには、徳というものが最も重要な目的にすら背いてしまう危険につねにさらされているのは、紛れもない事実である。私の兄弟である教師たちよ、あなた方の多くは結局のところ、実に見事に打ち負かされてしまった。あなた方の無限の善意で、フランスの無気力な高校《リセ》に、また日々の悪弊にのみ汲々とする大学に、私たちが誇りにするおそらくは唯一の教育を作り上げることができたにもかかわらずである。敵からついに解放され、精神生活においてこれまでなかったほど自由なフランスにおいて、私たちが再び思想を議論しようと集う日、そのような栄光と幸福の日がまもなく来ることを、私は願っている。その日には、私たちは高価な犠牲を払って得た何かを身につけているだろう。そのときあなた方教師は、昨日講義していた授業に、何らかの変更を考えているだろうか。

おそらく最も不思議なのは、人類への愛に満ちたこれら非妥協的な人びとが、降伏への途上で自分たちの階級や思想の宿敵と出会っても、何ら驚かなかったことである。実を言えば、どんなに奇妙に見える同盟でも、敵対する関係になる以前にまで思想的にはその源を遡れるものだ。なぜなら彼らは何が何でも平和を勝ち取ろうと、選挙戦で幾度も戦った相手とすら協力しようとしたわけだが、そうした相手の多くがもとは彼らと同じ党派にいたのに、もっと実利のある方向に転換した者たちであったからだ。これらの転向者たちは、かつて革命を志向した熱意の名残を、厄介な仮装だとして投げ捨ててしまっていた。しかし彼らは移籍していった党派を便利な踏み台としたのだが、それにあたって少なくとも消すことのできない痕跡を残していた。つまり彼らは国民的価値の感覚を失ったのであり、それを再び見出すことは決してないはずだ。フランスの崩壊によって、かつてキーンタルに行った大臣が権力の座についたのは、偶然ではない。ドイツ人が街頭の扇動者、つまり戦前には共産主義の指導者で、後に偽りの愛国主義の皮をかぶるようになった人物を、権力の座に引き上げることになったとしても、それは偶然ではないのだ。* ある政治党派に対して、これ以上に恐ろしい告発はあるまい。そこで教育を受けたとしても、しばしば立派な、また貴重なことも含めて、そこで学んだことはすべて忘れられることになるからだ。ただしある一点についての否定、つまり祖国を否定したことだけは、忘れるわけにはいかない。

〔訳注〕　一九一五年にスイスのツィンメルヴァルトで、第二インターナショナルの反戦グループによる国際会議が開催された。このとき諸派が対立するなかで少数派によって結成されたツィンメルヴァルト左派は、翌年に同じスイスのキーンタルで第二回国際会議を開催した。この動きは一九一九年の第三インターナショナル創設につながっていくが、当時社会党に属していたピエール・ラヴァルは、キーンタルの会議に参加していた。ラヴァルは一九二〇年に社会党が分裂するとこれを離れ、その後は右傾化を続けてドイツ占領下では権力を掌握した。

国家防衛において全体的に必要なものが、これほどまでに賃金労働者の個人的利益と混同されたのは前代未聞である。にもかかわらず、明らかにこの上ない必要を前に、労働者の間には残念ながら、どの道を進んでいいのかわからないという意見しか見出せなかった。こうした混乱に加え、フランス共産主義の信じがたい矛盾がさらなる混乱の種を蒔いたわけだ。しかしここで、もう一つ別の問題に言及したい。それはまさに思想の問題である。

＊　＊　＊

フランスの敗北に知的要因がかかわっているのは、軍事的分野だけではない。私たちは勝者たるには、国民として不完全な知識や明晰さに欠ける思想に甘んじる習慣に、つかりすぎていたのではないだろうか。フランスの政体は、大衆の参加を基礎に成り立っている。こうして自己の運命をゆだねられた大衆は、自身で正しい道を選びうると私は思うが、そのために明瞭で正確な情報を最小限でも与えるべく、私たちは何をしただろうか。実際、何もしなかった。明瞭で正確な情報なしには、いかなる合理的行動も不可能だというのにである。確かにこれが、民主的だと思われている私たちの制度の大いなる弱点であり、自称民主主義者の最大の罪であろう。公認された党派心が吹き込む虚言や怠慢を嘆くだけならば、まだよい。これらは確かに咎むべきだが、結局は容易に見抜くことができる。最も重大なのは、純粋な情報紙だといわれる新聞が政治的命令にのみ従うふりをする場合があるが、そうした報道さえが、実は隠された、しばしばさもしい、そしてときには出所からしてフランスには無縁な利害関係に奉仕していることである。おそらくは大衆の良識がそれに報復をするだろう。それは書かれたものであれラジオ報道であれ、一切の宣伝を次第に猜疑心をもってみるという形で現れてくるだろう。選挙民がいつも「新聞が望むように」投票すると考えるなら、大きな誤りである。貧しい人たちの間にも、特定の主義主張の日刊紙を毎日手に取りながら、毎回のようにこの新聞とは反対の側に投票する人たちがいるのを私は知っている。誠意のない意見が受け入れられないのは、フランスがおかれた状況からするならば、おそらく今日、私たちにとって最良の慰めであり希望でもあるだろう。しかし巨大な世界戦争に賭けられているものを理解し、また嵐を予測し前もってその雷鳴にしかるべく武装するには、それはあまりに凡庸な精神的準備にすぎないと認めざるをえないだろう。『わが闘争』、そしてラウシュニンクとの対話（ヘルマン・ラウシュニンク『ヒトラーとの対話』船戸満之訳、学芸書林、一九七二年）を読んでほしい。ヒトラー主義は断固として、群集が真実を手にするのを拒絶する。理性的に説得するのではなく、感情的に勧告する。私たちとしては、二つのうちから選ばなければならない。今度は私たちが、大衆を数人の指導者（しかしどの指導者か。現在の指導者には共鳴できるところがない）の磁力《マニエティスム》にやみくもに共鳴する鍵盤とするのか。それとも自分自身が選んだ代表に意識的に協力する者となるよう育てていくのか。私たちの文明の現段階においては、このディレンマはもはや中間の道を探るのに苦労しているのではない……。大衆はもはや服従しない。後について行くだけだ。大衆は正気を失っているか、あるいは事情を知っているからである。

＊　＊　＊

したがってフランスの上層の比較的教養ある階級は、軽蔑からか、不信からか、街頭や田畑の大衆を啓蒙するのは好ましくないと考えたのではないのか。おそらくそうした感情はあっただろう。ヨーロッパのブルジョワジーが喜んで「低い階級」の者たちに読み書きを習わせたわけではない。歴史家ならば、この点についていくつもの文献を引用できるだろう。しかし病ははるかに奥深く入り込んでいた。好奇心を満足させてやるべき地位にある者にすら、好奇心が欠けていた。ほぼ同名の新聞、『ザ・タイムズ』と『ル・タン』を比べてみるとよい。二紙がそれぞれ追っている関心事は、基本は似たようなことだ。双方とも読者層は同じように大衆から遊離している。その公平さも同様に疑わしい。とはいえ『ザ・タイムズ』を読む者は、『ル・タン』の購読者よりも、世界のありのままの姿をはるかによく知ることができる。しかも、知性的「品格」と自ら呼ぶものに、フランスで最も思い上がった新聞と、たとえば『フランクフルター・ツァイトゥング』の間にも、同じ対照がみられる。ヒトラー以前の『フランクフルター』でも今日のそれでも同じである。ことわざに、賢者は足るを知る、とある。情報の分野においてもフランスのブルジョワジーは、節度あるエピクロスが言う意味において、恐ろしく自己充足的であった。

＊　＊　＊

以上のことは、他の多くの兆候によっても確認される。二つの戦争の間、私は予備役、現役双方の将校たちと多く親交があった。彼らの出身は非常に異なっていた。少しは読書をする者がそもそも稀だったが、たとえ過去というバイアスを通してであっても、現状をよりよく理解できるような本を手にしている者は、ほとんど一人もみたことがない。第四部で、ヒトラーについてのシュトラッサー〔グレーゴル・シュトラッサー。一八九二―一九三四。ナチ党のなかで社会主義色の濃い左派グループに所属。政権掌握後のナチによる粛清で射殺される〕の本をもっているのは私だけだった。ようやく仲間の一人が、私からその本を借りていった。市町村の図書館がいかに貧弱かは何度も告発されてきたが、大都市の予算を見てみるならば、それは赤貧状態と言うべきであることがわかるだろう。それに私たちが物事に疎くなったのは、他を知る術を知らなかったからだけではない。「汝みずからを知れ」という古い格言を、私たちはどうしてしまったのか。聞いたところによると、ある国際委員会で、フランスの代表はある日ポーランドの代表にからかわれた。ほとんどすべての国のなかで、きちんとした賃金統計を作成できないのはフランスだけだというのだ。フランスの企業経営者はつねに思うところを秘密にしてきた。明らかにすれば集団行動もとりやすいのだが、秘密にしておくほうが些細な個人的利益には都合がいいからである。化学《シミー》の時代に、錬金術《アルシミー》師の心性をもち続けていたわけだ。かつてフランスにおいて、共産主義と戦うという使命を標榜していた諸団体にも目を向けてほしい。彼らは共産主義が成功するのを非常に恐れていたが、フランス中で誠実に、また知恵を働かせて行なわれた調査のみが、共産主義の成功の原因を知る手がかりを示してくれるし、したがっておそらくはその発展を妨げる手段をも与えてくれるのは、明らかであろう。しかし彼らのなかで誰がそれをやろうとしただろうか。ここでは政治構想は問題ではない。認めようと非難しようと、本当に重大な兆候とは、利益を等しくするこれら強力な結社の知的技術というものに、これほどまでの欠陥があったことである。それならば参謀部の情報業務の組織が悪かったとしても、どうして驚くことがあるだろうか。情報担当者を取りまく環境は、情報を集めようという意欲を徐々になくさせるようなものだった。そこでは人は『わが闘争』に目を通すことができるのに、ナチズムの真の目的を相変わらず疑い、「現実主義《レアリスム》」という適切な言葉を知らないふりをしつつ、今日いまだに疑っているようにみえる。

最悪なのは、知に対するこうした怠慢が、自分自身に対する致命的な自惚れを、ほぼ必然的にもたらすことだ。私は毎日、ラジオが「大地に帰れ」と説いているのを耳にする。手足を失い途方にくれたフランス人に、次のように言うのだ。「諸君はあまりに機械化された文明の魅力にだまされたのだ。機械文明の支配と便利さを受け入れ、諸君を諸君たらしめる古えの価値からそれてしまった。大都会がなんだ、工場がなんだ、学校がなんだ！　いま必要なのはかつての村落や古えの街だ。そこには古風な形態の耕作が営まれ、名士たちが支配する閉鎖的な小社会がある。そこで諸君は再び活力を養い、自分自身を取りもどすだろう」。もちろん私はこうした見事な説教の下に、フランス人の幸福にはあまり関係のない利益が隠されているのを知っている。それもあまりうまくなくである。今日、国の操縦桿をにぎっている、あるいはにぎっていると思い込んでいる党派はみな、古えの時代の従順さはつつましく農民的な国民に先天的なものと考え、それを懐かしむことをやめないのだ。しかも誰でもこの点については間違うかもしれない。古い文献に記されているように、一揆を起こしたフランス農民たちが「頑固」なのは、昨日に始まったことではない。機械に秀でたドイツはとくに、機械を独占し続けようとした。それゆえドイツが理解する国民とは、ドイツの大工業製品と、麦や乳製品とを言い値で交換させられる、もっぱら農業を基礎とする共同体である。ドイツはそうした国民を、自分の周りに従僕のように地位の低い仲間集団として集めようと夢想していた。私たちの言葉を話す声は、マイクを通して、ドイツの方から流れてくるのである。

しかしこうした牧歌的な見解は、ただ今日のものであるわけではない。戦争のずっと前から、新しい世界に後ろ向きだったことについての諸々の文献によって、私たちにはなじみのものである。それらの文献では「アメリカ主義」が公然と非難され、機械や進歩の危険性が告発される。その反対にフランスの農村の穏やかさや小都市文化のやさしさがもちあげられる。要するに親切心だけでなく秘められた力をもつ社会が、さらに断固として過去の生活様式を守っていくよう方向づけているのである。それはやや安直なアカデミズムのテーマである。ノエル・デュ＝ファイユやオリヴィエ・ド＝セールといった農村を描く古い時代〔一六世紀〕の著者たちは、まさにこうしたものに微笑みかけているのだ。耕作地での真の労働には、穏やかさなどより忍耐が必要なのであり、村落が平和な避難所《アジール》のようにみえるのは、田園詩のなかにおいてだけである。しかしこのような農村的フランスの擁護が、すべて誤りなわけではない。私が強く思うのは、一国民にとって今日なお、大地にしっかりと根を張る利点は大きいということである。それによって経済構造にたぐい稀な安定が保証されるし、何よりも代替が難しい人的資源の基礎を確保することができる。私は農民の日常生活を調べ、かつては彼らの味方となって闘ってその歴史にきわめて傾倒していたので、みずみずしい逞しさや味のある繊細さなど、フランスの真の農民の価値を理解している。私も世人の例にもれず、フランスの古い町《ブール》の慎ましい魅力に惹かれるし、フランス共同体の最も活動的な部分が形成された母体はそうした町であることを、十分に知っているつもりである。

とはいえ私たちは、もはや「古物博物館」でしかないことを受け入れていくのだろうか。イタリア人はもうそれにとどまらないという意志を表明している。選択の余地すら私たちにはないことは、しっかりと理解しておこう。私たちの敵が博物館にいかなる運命をにぎっているかわかりすぎているので、もはや選択は不可能なのだ。私たちは生きたい、そして生きるために勝利したい。だが勇気をもって認めよう。フランスで打ち負かされたのは、まさに私たちの愛しい小都市であるのだ。あまりにゆったりしたリズムに刻まれる日々、自動車ののろさ、眠くなるような役所仕事、無気力で投げやりなやり方で事ごとに増大する時間の無駄、駐屯地のカフェの無為、近視眼的な策動政治、行商の研ぎ職人、棚に本のない図書館、見慣れたものへの愛着、予期せず心地よい習慣を揺るがしうるすべてのものに対する警戒心。ぶんぶんいう蜂の巣のようなドイツの「活力《ディナミスム》」が私たちに送り込んできた地獄行きの列車の前に、これらは屈したのである。私たちの古い遺産のなかで、真に遺産でありうるもの、あるいはあるべきものを保存するためだけであっても、私たちはそれらを新しい時代の必要に適応させていく必要がある。ロバ車はお人よしで可愛らしい輸送形態だろう。しかし自動車が望まれているところで、それを置き換えるのを拒否すれば、私たちは子どものロバまでとりあげられてしまうだろう。新しいことをするには、まず学ばなければならない。フランスの将校が、今日の世界の要請する戦い方を見抜けなかったのは、彼ら自身ブルジョワジーだが、彼らの周囲のブルジョワジーがあまりにも怠惰に目をふさいでいたことが、大きな要因である。もし自分のうちに閉じこもってしまうなら、私たちは駄目になってしまうだろう。より迅速に考え想像力を高めるよう頭を使ってこそ、救われるだろう。

さらにそれは、思想の一貫性を回復するためにでもある。フランスではこの数年間、多少とも政治活動に染まった者は誰でも、奇妙な病のために思想の一貫性を失っていたのだ。実を言えば「右」に分類される諸党派が、今日敗北の前にあっという間に屈してしまったことについて、歴史家としてはさほど大きな驚きは感じようがなかった。フランスの歴史をたどるならば、王政復古からヴェルサイユ会議まで、それは右翼の変わらぬ伝統だからである。ドレフュス事件にさいしての誤解は、軍国主義と愛国心を混同することで、一時混乱をもたらしたようにみえた。右翼の深い本能が力を回復したのは自然なことだった。そしてそれでよかったのだ。ところが同じ者たちが代わる代わる、きわめて愚かしくもドイツ嫌いを示したり、ドイツの大陸政策にフランスを従属国として参加させたりする、かと思うとポワンカレ流の外交の擁護者を気取ったり（保守派から中道派までを束ねる路線をとったレモン・ポワンカレ（一八六〇―一九三四）は一九二三年、ベルギーとともにドイツのルール占領を敢行した）、はたまた選挙戦における対立候補のいわゆる「好戦主義」を非難したりする。こうした変節を見るかぎり、誠実な指導者のうちには奇妙な精神的不安定があると想定させられるし、それに忠実な者は思想のこの上ない矛盾にひどく麻痺しているのだと推定せざるを得ない。もちろん私は、エーベルト

〔一八七一―一九二五。一九一九年、ヴァイマル共和政の初代大統領に選出。労働者の暴動を激しく鎮圧したため、ファシズムへの道を開いたともされる〕のドイツが求めて得られなかった好感を、ヒトラーのドイツが呼び覚ましたことを知らないではない。だが少なくともフランスはつねに同じフランスだった。もっとも何が何でも、このような離れ業の言い訳を見出すべきなのだろうか。おそらく最良の弁解は、世論の対極にある彼らの敵が、やはり非合理的なわけではないということではないか。軍事予算を拒否しておいて翌日には「スペインへの大砲」を要求する〔一九三六年に成立した人民戦線政府の首相レオン・ブルムは緊縮財政の一方で、同年に勃発したスペイン戦争の共和政府軍に対する武器供与の方針を立てた。しかし閣僚や右翼の反対にあうと即座に不干渉政策に転じた〕、まずは反愛国主義を説き翌年には「フランス人の戦線」を形成しようと説く、結局は自ら奉仕する義務を免れ、大衆にもそうするよう呼びかける。このようにいい加減にジグザグに進むことに、私たちが驚きの目を見張るなかで、共産主義というこわばった綱の上を踊り手たちが描き出した曲線をしっかりと見ておこう。国境の反対側では、褐色の髪で中背のホモ・アルピヌス〔ヒトラー〕が、栗色の髪でメガフォンをもった脊柱後湾症の小柄な男〔ゲッベルス〕をともなって、「背の高い金髪のアーリア人たち」が優れているという神話をもとに独裁政治を作り上げることができたのを、私はよく知っている。しかしこれまでのところ、フランス人は節度があり、かつ論理的な頭脳のもち主だという評判を得てきた。普仏戦争というもう一つの敗北の後に、エルネスト・ルナンが用いた言葉を使えば、この国民の「知的・道徳的改革」〔ルナンの著書の題名〕が成し遂げられるために最初に学び直すべきことは、AはAである、BはBである、よってAはBでない、という古典論理学の古い公理である。

このような欠陥の深い原因については、多くの意見もあろうし、多く探求されなければならないのは言うまでもないだろう。やはり今でもなおフランス国民の頭脳であるブルジョワジーは、かなりの程度、金利生活者《ランチエ》階級であったときには、まじめな研究をしようという関心はもっとあったはずである。今日では実業家や医者や法律家は、自分の仕事場で一生懸命あくせくと働いて、仕事場を出るともう楽しむ余力などないかのようにみえる。時間をもっとうまく組み立てれば、同じように集中して働いても、もっと余暇が生まれるだろう。しかし娯楽が偶然に知的形態をとることがあるだろうか。間接的にであれ、娯楽が行動に結びつくのは稀である。なぜなら以前からの伝統で、私たちは芸術のための芸術を愛するように、知のための知を愛するのであり、実践活動とは切り離して考えるからだ。フランスには偉大な学者がいるのだが、私たちの技術ほど科学から遠いものはない。私たちが読書するときは、教養を身につけようとして読むのである。それ自体はとても好ましい。しかし私たちが行動するとき、その教養を助けにできるし、またすべきである点については、十分に考えていないのではないか。

要するにこの国民には、真の精神の自由という学校に入り直すことが必要であろう。「異教徒がいるのはよいことである」。こうした英知の金言を見失ってしまったのは、軍人社会だけではない。伝統主義的な見解は、まだよい。それは本来あるがままだった。しかし「進歩的」党派と呼ばれるものについては、どうだろうか。私は個人的には、カール・マルクスの業績には最大限の賞讃を抱いている。その人格は耐えがたかったのではないかと危惧されるし、哲学者としては一部で言われるほど独創的ではなかったと思われる。ただし社会分析としては、マルクスの右に出る者は誰もいない。歴史という、刷新された科学にたずさわる者たちが先人の回廊《ギャルリー》を作るなら、髭を生やしたライン出身の老予言者の胸像は、このギルドの礼拝堂で一番の位置におかれるだろう。だからといってそれは、マルクスの教えが永遠にすべての教義の尺度となるに、十分だろうか。研究室で行なう実験しか信じていなかった優れた学者たちが、「マルクス主義によれば」として生理学の論文や物理学の本の数章を書いた。その後にどうして「ヒトラー的」数学を嘲笑できるだろうか。経済の形態が変容しうることを説いていた諸党派は、師の言にしたがって宣誓を拒否した不心得者を破門した。一八六〇年代に示されていたようなヨーロッパ社会の観察から生まれ、当時の社会学的知識にはぐくまれた理論が、一九四〇年になってまだ支配者たりうるかのようである。

一八世紀の確固とした合理主義につかっていたコンドルセは、もう少し適切に語っている。かの有名な公教育に関する報告において、「フランス憲法、そしてまた人権宣言すら、市民のいずれの階級に対しても、天から降ってきた目録であるかのように、崇拝し信じるべきものとして提示されたのではないだろう」(『フランス革命期の公教育論』坂上孝訳、岩波文庫、二〇〇二年)と述べているのである。

こっそり教えてくれなくても、私にはよくわかっている。諸党派の指導者たちは、うわべだけの正統性に対して心の底では、周囲が考えるよりもずっと忠実ではなかったのだ。とはいえ、彼らの恐るべき提携のなかに、私たちにあれほどの敗北をこうむらせた知的な欠陥、つまりあいまいさを嗜好し、絶えず転変する世界に対して感覚を鈍らせていた状況が、そこに見出せるのではないだろうか。最左翼の者たちと参謀部の面々に――というのは、一国民内において最悪の敵同士が気づかないうちに、同じ精神的環境の空気を吸っていることはありうるからだ――、正しかったのはヒトラーだと告げなければなるまい。それは大群衆を前に演説をぶつヒトラーではなく、内輪で話すときのヒトラーである。彼はある日ラウシュニンクに、まさにマルクス主義そのものについてこう語っている。「われわれは、決定的な状態というのは存在しないこと、……あるのは絶え間ない発展であることを知っている。未来とは、つねに新しい創造について無限の可能性がある、汲めどもつきぬ大河なのである」。

こうした事態について大半の責任を教育に帰し、自ら教育者としてフランスの教育方法の欠点をありのままにさらけ出すことを、大学人たる私に認めてもらえるだろうか。フランスの中等教育は、旧式の人文主義《ユマニスム》と、新奇なことに対するしばしば節度のない興味の間で揺れ動き、知的活力を培うことがあまりにもできなかった。旧式の人文主義は美的価値に忠実であることにのみとどまるものだったし、新奇なことへの興味からは、古典的教養の美学的道徳的価値を効果的に維持することも、それらから新しい価値を生み出すこともできなかったのだ。大学は学生を試験で押しつぶすが、中等教育も生徒にそれ以上のことはしなかった。観察眼や灰褐色の脳を開発するのにきわめて有効な観察科学に対しては、中等教育ではほとんど時間が割かれていない。動物生理学が科目に入っているのは適切なことだが、植物学はほぼ全面的に等閑にされている。これはまったくの誤りである。イギリスの学校では「趣味《ホビー》」、つまりお得意のもの(植物標本、鉱石の収集、写真、その他何をあげればいいだろうか)を奨励しているが、フランスの学校はこうした「気まぐれ《ファンテジー》」からは慎ましくも一切目をそらさせるか、あるいはボーイ・スカウトにゆだねようとする。ただしボーイ・スカウト運動の成功は、おそらく他のどの兆候よりもはっきりと「国民」教育の怠慢をあぶりだしているであろう。高校《リセ》を卒業した後、まじめな本を一度も開いたことがない良い生徒を知っているが、それは一人や二人ではない。たまたままた今になってはじめて文化に深い興味を示す劣等生や半劣等生も、一人や二人ではない。しかしそれが何度一度のことであるなら、こうした出来事も何ら、けしからぬことではないだろう。しかしそれが何度ともなると、気がかりである。

これは恋の恨み言であろうか。私は歴史家なので、こと歴史教育には厳しくなってしまうのだが、行動に向けた準備がきちんとできないのは陸軍大学だけではない。もちろんフランスの高校について、現代世界を無視しているという批判はできない。それどころか高校では、つねに特権的な地位を現代世界に与えてきたからである。しかしまさに現代のみを、あるいはきわめて近い過去のみを見ようとしたために、それらを説明することができなくなってしまったのだ。たとえばある海洋学者が、天体は海から遠すぎるという口実で空を見上げようとしないなら、潮の干満の原因を解明することはもはやできないだろう。過去が現在全体を支配しているというのではない。しかし過去なしには現在は理解できないのだ。おそらくもっと悪いことに、フランスの歴史教育では十分に広くものを見、比較する場を自ら手放したことで、これから育てるべき生徒の精神に、相違の意味や変化の意味をもはや教えられなくなってしまった。こうして一九一八年以後、フランスのライン政策は時代遅れのヨーロッパ像の上に成立し、ドイツの分立主義はすでに失効しているのに、いまだ有効だと信じ続けた。その結果フランス外交は、保守伝統派のサロンのアルバムに載っている色あせた亡霊、ハプスブルク家に頑として信をおき、ヒトラーよりもホーエンツォレルン家を恐れたのだ。真の歴史なら、それらの死亡通知状を送らずにはいなかったのだが。おまけに学校の教科では、ほぼ例外なく、諸民族の生活の最も皮相な行事にのみ目を向けている。それらはやはり近い過去のことで、きわめて容易に把握できるものだ。このように学校では政治の強迫観念にとらわれたまま、あらゆる社会分析からこっそりと身を引くのである。社会分析への関心を引き起こすこともない。私が中学《コレージュ》や小学校の教師に要求しすぎるのを、あまり責めないでくれるだろうか。私は子どもの関心を、内閣の交代よりも、技術の変遷、あるいは古代や遠方の文明の目に見える異質性に向けさせることの方が難しいなどとは、これっぽっちも思っていない。いかにして七月王政が「世襲貴族」を「終身貴族」に置き換えたかを第九級の生徒〔小学三年生〕に的確に説明していたのは、記憶によれば、もちろん教科書ではない。この子どもたちに教えるのに、もっとよいことがなかったのだろうか。もっと人間らしいもの、柔軟な想像力をもっと有効に刺激しうるもの、フランスの、そして地球の未来の市民の鍛錬にもっと教育的なものはなかったのか。ここでもまた私たちは、今後はすべての窓が開かれ、環境が一掃されるよう要求しよう。それは若者たちの仕事だろう。軍の指揮についてもそうだが、国についても知的心構えを改革するために、私たちは五つのアカデミーや大学の最高権威や軍事参議院などよりもずっと、若者に期待するのである。

＊　＊　＊

フランスではすべての罪を、戦前の政治体制に帰している。私としても、この政治体制について大いにもち上げようという気にはならない。議会主義《パルルマンタリスム》によって、知性や献身的精神が犠牲にされ、どれほど陰謀が助長されたことか。この点については私の周囲を見回すだけで、説得されるに十分である。今日の統治者たちの大半は、このいかがわしい世界から出てきている。現在の彼らを作り上げた風習を、本人たちが今になって否定しているのは、古狐の悪知恵にすぎない。勝手に金庫を開けるような不実な使用人は、合鍵はきちんと片付けておくはずだ。そうしておかないと、もっと抜け目ない誰かがそれを拾って、戦利品をかぎまわりにくるだろうと恐れているからである。

真の立て直しの鐘が鳴るとき、そして私たちが再び白日のもとに統治され、国の信用を落とすようなことをした諸党派には消え去るよう命じることを要請できるとき、私たちがすべきなのは、一昨日の足跡をのうのうとたどり直すことでないことだけは確かだろう。私たちを統治しているつもりでいる恐るべき規模の諸議会は、歴史のばかげた遺産であった。各地の三部会は「是《ウィ》」か「否《ノン》」か答えるために集まったが、構成員は数百単位で数えることができた。統治する議会が、員数のみ多いとなると、混乱に行き着くだけだ。しかも法の承認や監督のために作られた議会が統治できるかどうかは、別問題である。フランスの政党機構は、小さなカフェや薄暗い事務所の臭いにおいを発散していて、力はあったという弁解すらできなかった。専制の最初の息吹で空中楼閣のように崩れ去ってしまったからである。大政党は、時代遅れだとわかっている教義や、すでに放棄した計画にしがみついて、もっともらしく党員を集めたものの、新しい党員たちは目前の大問題にはそれぞれ正反対の意見をもっていた。それはミュンヘン会議後によくわかった。まったく同じ考えをもっている者たちとも袂を分かったし、多くの場合、誰が政権を担当すべきかすら決められなかった。政党は器用な者たちの踏み台になっただけで、そうした者たちにしても頂点から互いに蹴落とそうとするのだった。

大臣や議会が、十分に戦争の準備をしていなかったことは疑いの余地がない。上級司令部が大臣や議会を支援することもほとんどなかったと思われる。しかし政府の無気力を何よりも強烈に暴露したのは、まさに技術者の前に降伏したことであった。一九一五年には両院の関係する委員会は、重砲兵を設置するために全砲兵以上の力を注いだ。なぜその後継者は同じように、また飛行機や戦車に関してももっと迅速に行動しなかったのか。軍需省の歴史は、不合理についての教訓のようにみえる。この省をにわかに仕立てあげるまで開戦から何カ月かはかかったなど、とんでもない話である。動員の初日には、軍需省は幹部がそろった状態であるべきだった。専門家が熱心に要求すれば、議会が予算を拒否することは稀だったし、予算をうまく活用させるような力は議会にはなかった。その上、選挙民の財布をはたくまではしても、選挙民を困らせることはもっと恐れていたのだ。議会は必要な訓練期間を予備兵に課すのをいやがったのだが、これは国民軍の原則にきわめて大きな打撃となった。兵営の決まりきった仕事も、この教育段階を合理的に利用するには適切ではなく、確かに議会のやり方に先鞭をつけてしまった。代々の首相は全権を委任するよう何度も要請するはめになったのだが、それは合法的な装置にがたが来ていると認めるようなものだった。手遅れにならないうちに、改革すべきだったろう。しかし全権の委任というのは安易な結論で、このこと自体が政府の実践行動を強化したり、秩序立てたりするのに役立ったのではないだろう。政治の指導者たちは、廊下でのやり取りで堕落して、たまたま出会った人たちから噂話を集めただけなのに、情報を得たと信じたりしていた。国家の問題も国際的な問題も、彼らの目には個人的な競合という視角からしか見えないのだった。

したがってこの体制は脆弱だった。だが言われるほど悪質だったわけではない。非難されている罪のなかには、まったくの想像の産物もある。党派的情念、とくに反教権的な情念が軍隊を解体させたとは、繰り返し言われたことである。だが私は、ブランシャール将軍がボアンで毎週日曜日にミサに行っていたことを証言できる。ミサに通ったからといって将軍がただ戦争を待っていたとするのは、その市民的勇気をまったく根拠なく侮辱するものだ。将軍はカトリックを信仰していたのだから、公に信徒の務めを果たしたのはまったくもって正当である。将軍に不満を抱く無信仰者は、愚か者か堕落した者であろう。しかし私はこうした宗教的な信条のために、将軍がいわゆる「左翼の」政府のもとで軍の指揮を得るのを妨げられたとか、軍を敗北に導くのを防いだとか、そのようには思わない。

同様に、議員たちや、議員出身の大臣たちは、それほどきちんと統治していたのだろうか。以前の制度からは、彼らはさまざまな官僚組織を引き継いでいたが、それらを厳密に指導することはできていなかった。諸党派の関心から、組織の長を選ぶのに介入したことも少なくなかったにちがいない。

それは時の風がどちらから吹こうとお構いなしに行なわれ、そうして押しつけられた人選が好ましいことは稀だった。しかも下部の構成員の募集は、ほとんど排他的に内輪で行なわれた。たとえば政治学院は、名士の息子たちのお気に入りの避難所で、大使館、会計検査院、国務院、財務監督局に次々と人材を送り出していた。理工科学校の腰掛けでも、生涯にわたる関係が目を見張るほどの連帯感でつむがれていて、フランス産業の参謀部とでも言うべきところに卒業生が送り込まれていた。しかも卒業生には国家技師への道も開かれていたし、自動的に昇進できる仕組みで、それはほとんど機械的だった。大学はといえば、評議会や委員会などの組織を操ることで、ほぼ完全に現職が新任を選ぶ形になっていた。思考の革新という意味では、いくらかの危険がなかったわけではないし、しかもこれによって教員は、永久的に保証されていた。今日の制度では、この永遠の保証は暫定的に廃止されていると称されてはいるのだが。フランス学士院〔一七九五年の創設。アカデミー・フランセーズなど五つのアカデミーを束ねる国立学術組織〕という肩書きは、つまらないものとはいえ、一見最も達観したような人物の心をすら動かす華やかさと威信をもっており、良かれ悪しかれ、知的権力という威厳を保っていた。もし政治が偶然にアカデミー会員の選出に影響するとしても、それは決して左翼のそれではない。ポール・ブルジェはかつてこう言ったものだ。「保守主義には三つの牙城がある。イギリスの貴族院、ドイツの参謀本部、そしてアカデミー・フランセーズである」。

体制がこれらの古くさい団体《コルポラシオン》を尊重したのは誤りだったのか、正しかったのか。それについては際限なく論じることができるだろう。安定性や名誉ある伝統だと言う者もあるだろう。それに反論して、旧弊や官僚主義や集団的尊大さだと言う者もあるだろう。私の意見はこちらに近い。いずれにしても一つ確かなことは、二つの点において誤りは重いということだ。

人民戦線内閣が行政学校を作って「政治学院《シャンス・ポ》」の独占に打撃を与えるのだと主張したとき、どれほどの憤激を買ったことか！　計画のできは悪かった。奨学金を活用してすべての学生が行政職につける道を開き、イギリスの公務員《シヴィル・サーヴィス》の強みとなっている教養を身につけさせるような、ゆとりある制度を作るべく、大学にその準備を委ねたらきっとよかったのだろう。しかしそもそもの考えは正しかった。いかなる性質の政府であろうと、権力機関が公共制度の精神に敵対しているとき、国は被害をこうむる。君主制には、君主制に見合った人材が必要である。高級官僚は民主主義を軽蔑するよう教育されており、その出身階級は財産の面から必然的に、民主主義が打ち倒そうとしている階級である。もし高級官僚がいやいや奉仕しているだけなら、民主主義は公共の利益に対する最大の悪のために、大いに弱体化するだろう。

他方で互選制度は、公式であると否とを問わず、大きな団体のほぼすべてにおいて支配的であり、年功序列の権力を強化する結果を招いていた。軍と同じで昇進はわずかの例をのぞけば一般にかなり遅く、頂点には永遠に年寄りが居座っていた。若者の誰かに昇進のはしごが手向けられるときも、できのよすぎる生徒が好んで選ばれた。革命は、その原則が私たちのものであるかどうかによって、好ましい場合もあれば、おぞましい場合もある。しかしすべて革命というものには、その勢いに内在する一つの徳性がある。それは真の若者を前へと推し進めることである。私はナチズムは心底嫌悪している。とはいえナチの革命は、比較するのも恥ずかしいがフランス革命のように、清新な頭脳をもち、旧弊にのっとる学校教育を受けていなかったがゆえに「驚異と新奇」を理解する能力のある者たちを、軍であろうと、国家であろうと、指揮官にすえた。私たちはこうした有能な者に、白髪の紳士や若い老人を対置しただけだったのだ。

しかし、何らかの制度が、自身の歯車装置によって獲得した抵抗力がどれほどのものであろうと、その制度は何よりもまず、それが支配しようとする社会自体が作り出したものである。機関車のほうが運転手を動かすこともある。だが多くの場合、機関車はそれをあやつる指しだいである。知り合いの実業家たちが、あらん限りの金額で最も権威ある新聞に論文を「掲載させた」何時間かあとに、新聞が金銭ずくであると雄弁に唱えたり、自分の下劣な利益を守り、議会の「あやつり人形」を嘲弄するはずの本の執筆を、元大臣に注文したりするのを聞くと、私は噴き出してしまう。収賄側と贈賄側の、どちらがより絞首刑に値するだろうか。フランスの大ブルジョワジーは、とかく教育者たちについて不平を言う。今日以上に、彼らが財布の紐をにぎっていた時代には、予算を通して息子たちの教師に払うよりは、家事使用人の方に支払って当然だと考えていた。ことわざに言われるほどにフランス人は吝嗇《りんしょく》で、そのために私たちは痛い目に遭っているわけだが、これについて十分論じられているだろうか。ここでもまた小都市の精神が、相変わらず勝ち誇っているのである。

とりわけ私たちの政治機構はフランス人の大いなる誤解に苦しんでおり、そのために文字通り身動きできないほどになっている。

自由な国において、対立する社会の概念をめぐって自由に論争するのはよいことであり、健全である。フランス社会の現状においては、種々の階級が相反する利害をもち、反目しているのを自覚するのは、避けられないことだ。祖国の不幸は、これらの衝突が正当であると理解されないところに始まる。

＊　＊　＊

私はあちらこちらで、ブルジョワジーという名称を筆にしてきた。それにはためらいがなかったわけではない。こうした言葉は、時とともに使い古されると同時にたえず意味がずれていくものであり、人文諸科学のいまだ模索中の学術用語集はこれらの言葉に満ちている。それらはあまりに漠然とした輪郭のなかに、あまりに複雑な現実を閉じ込めているのだ。とはいえ新たに整理されるまでは、不完全な言語のなかで使用に供されている語彙だけを用いざるを得ない。それも言葉を定義した上でだ。そこで私は、生活資源を手による労働に負わないフランス人を、フランスにおけるブルジョワジーと呼ぶ。その収入は、どこで得たものであろうと、また額もさまざまとはいえ、資力にゆとりを与え、財力という面で、労働者の給与のような危なっかしい手段よりはるかに高い保証を与えている。その教育は、古い家柄であれば時として子ども時分から、例外的な社会上昇を遂げた場合には上昇の過程で施されており、その豊かさ、調子、自負において、まったく共通の教養の規範というものを凌駕している。そしてブルジョワジーは、国民のなかで指導的な役割を担う階級に属すという自覚と自信をもつのみならず、服装や言葉遣いや礼儀などの多くの細部によって、多かれ少なかれ本能的にこの集団の独創性と集団的威信に愛着を示すのである。

ところでこのように理解するならばブルジョワジーは、戦前のフランスにおいてもはや幸福ではなかった。経済の大変動は、それに先立つ世界的破局のせいだとされる。すべてがそうであるわけではないが、いずれにせよそれは、財の静かな安定を土台から覆した。利子は、かつては多くの家族にとってほとんど唯一の収入源で、成功の坂を登り始めたばかりの多くの者たちには最終的な希望だったのだが、衝撃のうちに手のなかで崩れ去ってしまった。賃金生活者は結束して、労働報酬に対するいかなる圧力にも抵抗した。そのため資本家の利益は危機のたびごとに、配当もろとも小さくなっていった。新興国において産業が発展し、自給自足体制が進展していくと、ヨーロッパやフランスの資本主義は貧血の度を増した。新しい社会層の圧力は、それまで習慣として命令していた集団の経済的政治的権力を脅かすようになっていた。長いことこの集団は、全体としては民主的制度に慣れていたし、その多くの構成員は民主的制度を望んですらいた。いつものことだが、ここでも習慣は権利を遅らせた。投票用紙が農民や労働者に渡されても、一世代以上、中産の名士たちが地方に握っていた伝統的支配は、大して変わることはなかった。それどころか、国家の高官のポストから、名士の古くからの敵である上層ブルジョワジーや貴族階級が排除され、部分的には名士たちの役に立ちさえした。特権階級の頑固さに縁のない者たちには、民主主義は人間性についてきわめて誠実な感覚を助長してきた。

民主主義はまだ彼らの財布も、堅実であるという小さな誇りも、脅かしてはいなかった。しかし経済的悲劇に促され、平凡な選挙民がもっと大きな声で、もっと危険な形で、自らの主張を訴える日がやってくる。恨みの声は、不平等がもどってきたという心底からの感情でますます高まった。ブルジョワジーは日々、より厳しく身を挺して働かなければならなかった。大衆の労働はブルジョワジーの利益の深い源泉だったが、ブルジョワジーが気づいたと思い込んだのは、大衆は逆に過去ほど働いていないこと――これは事実だった――、そしてブルジョワジー自身ほども働いていないということだった。この点は、さほど正確とはいえないだろう。いずれにしても、それは人間の疲労度に違いがあるのを十分に考慮したものではない。ブルジョワジーは、労働者が経営者と同じように映画に行く暇があるのを見て、憤慨した。労働者階級は長いこと不安定な生活を送ってきたので、明日のことを大して心配せずに暮らすのに慣れており、そうした精神がブルジョワジーの生来の貯蓄癖と衝突したのである。群衆はこぶしを振り上げて要求をかかげ、やや攻撃的で、その暴力は大いなる無邪気さを表していたのだが、最も慈悲深い者でもこうした群衆のなかに、セギュール伯爵夫人〔一七九九―一八七四。ロシア出身の童話作家〕の小説に登場する謙虚な「善良なる貧民《ボン・ポーヴル》」を求めても、がっかりするだけだった。秩序、人の善さ、あるいは好意的に受け入れられていた社会的位階制といった価値をめぐっては、その教育は理の当然として、新奇なことを好ましく思うような精神を育てていなかったのだが、これらの価値はいまや一掃されてしまいそうに見えた。そしてそれらと一緒におそらくは、明らかにより貴重な何か、つまり国民的感覚といったものも、一掃されそうだった。富裕な者は十分に気づいていないのだが、若干のこの国民的感覚からすると、貧しい人びとは経営者よりもずっと大きな自己犠牲を払うよう要求されているのだ。

ブルジョワジーはこうして不安でまた不満だったために、苛立ってもいた。ブルジョワジーはもともと大衆の出身であり、近づいてみれば深い共通点を一つならず感じるものの、人間について分析する努力をして理解するという習慣からあまりに離れていたために、大衆をむしろ非難する道をとった。一九三六年、人民戦線政府の到来は富裕階級の間に、また最も自由主義的な精神をもつと見える者たちの間にさえ、動揺を引き起こしたが、それは決して誇張されたものではない。わずかであれ何らかの財をもつ者は、誰もが災厄の風が通るであろうと思い込んだ。主婦たちは夫以上に驚愕したかもしれない。今日では、ユダヤ人のブルジョワジーがこうした動きをあおったとして非難されている。永遠に見る目をもたない哀れなユダヤ教会よ！　私は証言してもよいが、ユダヤ教会はキリスト教の教会よりもっと動揺していた。もっともプロテスタントの教会にしても、同様だった。「私はもうプロテスタントの産業家の見分けがつかない。彼らは以前は労働者が満足するよう、誰よりも気を使っていた。ところがいまや、労働者に対して最も執拗に対抗するのだ」。プロテスタントに生まれたある作家は、私にこう語っていた。社会集団を二つの陣営に分ける長い裂け目が、あっという間にフランス社会の深みに刻まれたのだった。

もちろん私はここで人民戦線政府の弁明をしたいわけでは毛頭ない。いっとき彼らに信頼を寄せた者の立場からは、一鍬の土をその墓の上にうやうやしく投げかけるしかないし、これらの死者はもはやや何の役にも立たない。彼らは栄光なくして倒れたのだ。もっと悪いことに人民戦線政府の敵は、その死にさしてかかわってはいなかった。さまざまな事件は彼らの手にあまるものだったが、それがすべてだったわけではない。人民戦線政府の企ては、何よりもまずその支持者、もしくは支持者を装う者たちの無分別な行動の前につぶれたのだ。しかしそれにしても、大半のブルジョワジーの意見表明の仕方は、見逃すわけにはいかない。彼らはおろかにも善悪にかかわらず、仏頂面をした。なかには、何かを鑑賞する楽しみに大いに関心をもっていながら、万国博覧会（一九三七年）に足を踏み入れるのを断固拒否した者もいた。万博がフランス国民の誇りである比類ない宝、フランス芸術の傑作を展示したのにである。ある嫌われ者の大臣が、開会式を執り行なった。万博は労働組合の要求のせいで、間に合うかどうか危うかったということだが、これは博覧会に呪詛をはくには十分な理由となった。余暇の気晴らしを企画しようとなると、何という罵声が飛んだことか。それは嘲笑の末、ボイコットされた。ところが今日ではその当の人びとが、同じ企画が自分の考えにかなった政府の手で、別の名目で多少とも真剣に取り上げられてからは、激賞しているのだ。

とりわけ、指導者の過ちがいかなるものであろうと、より公正な世界という希望に向かっての大衆の高揚には、感動的な誠実さがあった。心の正しい人ならば、それに対して無関心でいることはできない。ところが私が出会ったなかで何人の経営者が、たとえば連帯のストが、かりにほとんど理性的ではないとしても、崇高なものだと理解していただろうか。「自分の給料を守るためだけにストに参加するなら、まだよいのだが」と彼らは言っていたものだ。フランスの歴史を決して理解できないだろうフランス人には、二種類ある。まず、ランスの聖別式の追憶に感動しない者(歴代のフランス王は、伝統的にランスの大聖堂で聖別され戴冠していた。最初に聖別されたのは八一六年、カール大帝の息子ルートヴィヒ一世(敬虔王)とされる)。そして連盟祭の物語を感動もなしに読む者である。現在の彼らの政治志向がどの方向に向いているかは、問題ではない。集合的な熱情のほとばしりに無理解であるというだけで、彼らはとがめるに値する。人民戦線、と言っても政治屋のではなく、民衆の、つまり真の人民戦線には、一七九〇年七月一四日に太陽の下、シャン＝ド＝マルスで行なわれた連盟祭の雰囲気に近いものが甦っていた。祖先は祖国の祭壇の上で宣誓をしたのだが、残念なことに、今日ではこうした深い源泉との接触はなくなってしまっている。見た目は民主的なフランスの体制が、真に万人のための祭典を国民に与えることができていないのは、偶然ではない。私たちはヒトラーに、古えの凱歌を復活させる役目を任せてしまったのだ。私は第一軍で、軍の「士気」の維持を担当する将校たちと知り合った。司令部はそのために、きわめてパリ風の銀行家や北部の産業家を選び出していた。彼らは前線からの報道に「若干の真実」をすべりこませるには、まずみだらな冗談で包む必要があると考えた。軍隊慰問劇団については、やはり卑猥な笑劇を演ずれば、それだけよいものだとみなした。ブルジョワジーは、民衆のことを真剣に取り上げようとはせずに、しかも民衆の前で震えあがったりしながら、彼らに共感できるよう精神の本当の動きを洞察するということもせずに、民衆から徐々に離れていった。そしてそれと同時に望まないうちに、フランスそのものからも遠ざかっていったのだ。

ブルジョワジーは体制を容赦なく責めることで、あまりに当然なのだが、その体制を打ち立てた国民をも非難するにいたっていた。そして不本意にも自らの運命に絶望し、とうとう祖国にも絶望した。これは誇張だと私は責められるだろうか。しかし昨日ブルジョワジーが読み、自分の意見を吹き込んでいた新聞に、改めて目を通していただきたい。それならおわかりいただけるだろう。ベルギーが、残念ながら偽りだったが、中立を守るためだといって同盟関係を廃棄したときに、ブリュッセルの友人が私に言ったものだ。「フランスの大手の週刊誌のいくつかが、あなた方の立場をどれほど傷つけたか、想像もされないでしょう。毎週、あなた方は腐りきっていると書いていたのですよ。どうすればいいというのでしょうか。みなそれを信じたわけです」。私たち自身、信じすぎるほど信じてしまった。フランスの支配階級、つまりフランスの産業界の指導者や、中枢の行政官や、予備役将校の大部分を送り込んでいた階級だが、彼らの大半はこの強迫観念につきまとわれたまま、戦争に行った。彼らが命令を受けていたのは、骨の髄まで腐敗していると思われた政治制度からであり、彼らが防衛していたのは、敵に抵抗するのははじめから不可能だと考えていた国であった。彼らが指揮していた兵士たちは、彼らからすれば退廃した民衆の出身だった。* 彼らの個人的勇気や愛国心の力がいかほどでも、「最後の一五分間まで」戦うのに必要な、精神的準備として適切だっただろうか。

＊　一九一四年八月二九日。「私の郵便物はどんどん膨れ上がっている。数の上では、フランスを神のご加護のもとにと切に願う、司祭や女性の嘆願書が多かった。これらの要望書の多くは、心にしみた……。その他には残念ながら、宗教心からというよりは、政治的情熱から書かれたと思われるものもあった。フランスの敗北は、受けるべくして受ける懲罰だと記されていたりした。神が共和国に下した罰だというのだ。

それならば神聖同盟は脅かされているのだろうか。……」(Poincaré, *Au Service*, t. V, p. 165)。

これらの先入観は、やはり参謀部も大いに共有するものだった。しかし必ずしも参謀部が同程度までこうした先入観に感染しているはずだ、というわけではない。また高い地位においてすら、現役将校がみな相続によって財に恵まれた家庭の出身だったわけでも、まったくない。その反対に、民衆層にきわめて近い出身の者も一人や二人ではなかったのである。彼らの大半は、職業柄、また名誉といった観点からも、卑しい商売心にははなはだ縁がなかった。彼らがかりに資本主義の将来について考える暇があったとしても、それが特別な思考の対象となることはなかっただろうし、富の再分配の問題も彼らの大半を恐怖させるようなことは何らなかったのだ。彼らはほぼ全員が、義務の人、熱烈な愛国者として、フランスの兵士であった。何らかの個人的利害や、階級の利害を目当てにしているとみなせる場合があれば、彼らは顔を赤らめただろう。しかし彼らは社会の現実について何を知っていたというのだろうか。学校、階級《カースト》、伝統といったものが、彼らの周りに無知と誤謬の壁を築いていた。その考え方はきわめて単純であった。「左翼」であればそれは「反軍国主義」であり、そうした人びとはよくない思考をし、周知のように軍の主要な力である権威を尊重しないと考えられた。社会主義者については、彼らはもうずっと前から知っている。絶えず不平を言うのはいつものことで、ときにはなお恐ろしいことに、自分たちの繰り言を載せた新聞の差し押さえすらする、不良兵士だった。このような輩と手を結ぶ者は、誰でも嫌疑をかけられた。ローズヴェルト大統領さえ、どこか「ボルシェヴィスト」的なところがあるとされたのだ(私はある参謀長がこう言っているのを耳にした)。おまけに彼らの多くは、好奇心もさしてなく、青年期から異なる意見は避けるよう訓練されていたので、この手っ取り早い正当性にまったく満足だった。彼らは少しも情報を得ようとはしなかった。食堂のテーブルに並べられた新聞のなかで、『ル・タン』は最左派を代表していたが、最高の知識層から募集された若い指揮官たちは、その正否はともかく、フランス人の大多数の意見をわずかにせよ反映している日刊紙を、決して開こうとはしなかったのである。

私たち自身の罪も、ここで認めよう。私がこの罪を残念に思うのは、今日がはじめてではない。過去数年の間に、フランスにおいて真に自由主義的な精神、公平で人間として進歩的な精神といったものを代表する名誉を受けるべき人びとは、かくも高い道徳的価値が残っている職業集団に、自らをよりよく理解してもらうための努力をまったく払わなかった。それはきわめて重大な過失だった。この誤解はドレフュス事件のころに始まったものと思うが、私たちの側には当初は何ら責任がなかったのは確かである。しかしだからといって大目に見てよいわけではない。仲間たちが、戦争の間ですら、さもしい週刊誌がばらまき続けた憎しみや愚かな言動の泉から、甘い汁でもあるかのように飲むのを見て、私は何度一人つぶやいたことだろう。「これほど勇敢な者たちに、これほど情報が欠如しているなど、何と残念なことだろう！　しかも誰一人として彼らを本当に啓発しようとしたことがないなど、何と恥ずかしいことだろうか」。

しかし事実は厳然としてある。そして私たちは今、その結果を測ることができるのだ。大衆は悪しき教育を受けていたが、考えられたよりはずっと健全だった。フランスの指導者は、これら大衆の尽きせぬ資源について十分な情報を得ておらず、また軽蔑からか習慣からか、適切な時期にこうした深い蓄積に訴えることができなかったのだ。しかも彼らは、単に打ち倒されたままになっていたのではなかった。打ち倒されて当然だと、きわめて早くから考えていたのである。まだその時ではないのに武器を置き、彼らはある一派が勝利を収めるのを確実にしてしまった。なかには、まずクーデタを起こして、自分たちの過ちを覆い隠そうとした者もあった。しかし他の者たちは、上級司令部でも、また軍においてはほぼ全員が、このように自己中心的な計画にわざわざ訴えようとすることなど、考えてはいなかった。彼らが敗北を受け入れたのは、胸に憤怒をもってのことだったのだが、やはり受け入れるのは早すぎた。受け入れたのは、敗北にむごたらしい慰めを見出していたからだ。つまりフランスの廃墟のもとで、恥辱の体制を粉砕すること、そして罪ある国民に運命がくだした懲罰の前に、ひざを折ることである。*

＊　すでに一九一四年に、懲罰というこの麻痺状態に陥っていたフランス人もいた。

私は後ろめたい気持ちをもつ世代に属している。前大戦から私たちが疲労困憊してもどってきたのは事実である。私たちはまた、四年間を戦って無為に過ごした後、大急ぎで仕事台へともどっていった。仕事台には、さまざまな職業の道具を錆つくままに放っておいたのだ。失われた分、何しろ急いで仕事をしたかった。それが私たちの言い訳である。しかし私はもう長いこと、こうした弁解が身の潔白を証明するのに十分だと思ってはいない。

私たちの多くはきわめて早いうちから、ヴェルサイユ外交やルール外交が私たちを突き落とそうとする溝の深さを測っていた。これらの外交は二つのことを見事にやりおおせた。昨日の同盟軍と仲たがいすること、そしてやっとのことで打ち負かした敵との古くからの紛争を、そのままに維持することである。また私たちは、イギリスやドイツが潜在能力として体現するものを知らないではなかった。今日、まだ時の鐘が鳴らないのに、ルイ一八世の悲しい英知〔ドイツとの休戦協定の比喩。ルイ一八世は復古王政期に反動の行き過ぎを抑えるよう尽力し、中庸・和解の政策を進めた〕を私たちに助言してくれるその当の人たち、あるいはほぼ同じ人たちは、前の大戦の後にはルイ一四世の壮麗さを勧めていたのである。相対的に人口も少なく、産業の潜在力も平均以下の、この貧困化したフランスで、このような政策が時宜にかなっていると彼らのように考えるほど、私たちは愚かではなかった。かつてはそういうときがあったとしてもである。私たちは予言者ではないので、ナチズムを予言したりはしなかった。しかし私たちは、輪郭を正確に描くことはできないとは認めるが、フランスの狂気の振る舞いが引き起こした怨恨にかき立てられて、ドイツがある日、何らかの形で立ち上がるだろうこと、そしてその開始は恐ろしいものになるだろうことは、予見していた。もし二つ目の戦争がどのような結末になりそうか、尋ねる者がいたならば、私たちは希望としては二つ目の勝利をと答えただろう。その繰り返される動乱のために、ヨーロッパ文明が永久に崩壊する恐れがあることも、隠し立てはしなかっただろう。他方、私たちは当時のドイツに、まだおずおずとではあるが、善意が高まっているのを感じていた。それはまったく平和的で、相応に自由主義的なもので、あとはフランスの指導者たちがそれを励ましていくことが必要だった。私たちにはそうしたことすべてがわかっていた。にもかかわらず怠惰にも、また意気地もなく、すべて成り行きにまかせてしまった。私たちは群集がぶつかり合い、友人たちがののしり合い、教師たちがわけもわからず軽蔑し合うのを恐れた。公共の場に立って、最初は砂漠のなかで叫ぶようなものだが、最終的にどれほどの成功になろうとも、少なくとも信念を叫んだことで、正しかったと言えるような声になろうとすることも、しなかった。私たちは仕事場で、びくびくしながら静寂のなかに閉じこもっていた方がいいと思ったのだ。私たちの手に塗られた血潮を、後の世代には許していただきたい。

以上に述べてきたこと、すなわちフランスの壮健さを少しずつ蝕んでいる問題点について、指導者階級の知的無気力とその怨恨について、非論理的な宣伝はその腐敗した混ぜ物で労働者を毒しているのだが、そうした非論理的な宣伝について、フランスの老人支配について、国民のなかの軍の危機について。これらについては、よき友人たちとの間では、ずっと前からささやきあってきた。どれほどの者が、声高に語る勇気をもっていただろうか。私たちに党派的精神はなかったことは、よくわかっている。それを後悔したりはしていない。私たちの間で例外的に何らかの党派に加わった者は、ほとんどみなその指導者となるよりは虜となるのがおちだった。しかし私たちの義務感が駆り立てていたのは、選挙委員会のなかで働くことではない。私たちには語る言葉と、書くペンと、考える脳があった。人文科学の専門家、あるいは実験室の科学者として、おそらく私たちは諸学問の実践に内在する一種の運命論によって、個人的行動を思いとどまらされたのだろう。学問によって私たちは、社会のことでも自然のことでもすべてについて、巨大な力の作用を考慮する習慣が身についている。ほとんど宇宙的な不可抗力をもつこうした大きなうねりを前に、難破した者の哀れな振る舞いなど、何になるだろうか。それは歴史を悪しく解釈することだった。フランス文明の性格を示すあらゆる特徴のなかで、集団をどう自覚するかについての認識が大きく進歩したこと以上に意義のあるものは、歴史上なかっただろう。そこにこそ、過去の社会と今日の社会の間のぶれが明確に対比させられる鍵がある。法律は、集団が自覚されると、本能的にだけ認識されていたときと同じようには、もはや変化していかないのである。

たとえば経済上の交換は、同じ法則に従うわけではない。それは流通相場が関係者全体に知られているか否かによる。ではこの集合意識は、互いに影響しあう無数の個人意識からなるのでないならば、何からなりたっているのか。社会的欲求について明確な概念を形成し、それを広めようと努力すること。それは共通の心性にひとかけらの新しい酵母を加えることであり、さらには共通の心性をわずかばかり修正し、したがって、最終的には人間の心理によって決定される事件の経過をいくらかは曲げる機会を得ることである。繰り返しだが、何よりも私たちは日常の仕事に埋没していた。私たちは多くがよき労働者だったと言う権利だけは、残されているだろう。しかし私たちはつねによき市民だっただろうか。

私は陰気な悦楽にひたろうとして、こうした悔恨を並べるのではない。罪を告白したからといって荷が軽くなることなどないのは、経験から学んできた。私はこの書き物を読むだろう者たちのことを考えている。もちろん私の息子たち、それから若者のなかでいつの日か読んでくれるだろう者たちである。彼らには、先立つ世代の誤りについてしっかり考えてほしい。まだ若々しい精神の容赦ない厳しさで判断してくれても、かまわない。あるいは、これから上昇していく世代が軽蔑しながら老人に哀れみを施すときのように、ふざけ半分の寛大さをもってくれても、かまわない。重要なのは、彼らがこれらの過ちを知って、それを繰り返さないことだ。

　私たちは今日、フランスの運命をフランス人自身が決められないという、恐ろしい状況にある。しっかりと握っていなかった武器が私たちの手から滑り落ちたときから、フランスの将来、そしてフランス文明の将来は、ある闘争の賭けとなったが、その闘いにおいて私たちの大半は、多少侮辱された観客にすぎないのである。もしも不幸にして今度はイギリスが負けるのであれば、私たちはいったいどうなるのだろうか。フランスの立て直しは、確実に長期にわたって遅れるだろう。遅れることに関してだけは、確信できる。ただフランス国民の深く秘められた力は傷ついていないし、再び立ち上がる準備はできている。それに対してナチズムのもつ力は、ドイツの現指導層が課そうとしている緊張が際限なく高まっていくのを、いつまでも耐えることはできないだろう。考えてみれば「外国から囚人護送車《フルゴン》に乗って来た」制度も、ときにフランスでは一定程度の期間は続いたことがあったが、それは誇り高い国民の嫌悪を前にしては、受刑者の猶予期間といったものにすぎなかった。しかし占領の傷口が私たちの肉体に日々残酷にも食い込んでくるのが、すでに認められないだろうか。当初の見かけの善良さは、もはや誰の目もごまかすことはない。ヒトラー主義をどう評価するかは、その営みを注視すればよいというのが、私たちの考えである。もっともイギリスの勝利を想像する方が、どれほど好ましかっただろうか！　連合軍のおかげで、私たち自身の運命を再び掌中に取りもどせるときは、いつくるのだろうか。そうしたらフランスの国土は次から次へと解放されていくだろうか。「危機に瀕する祖国」の新たな呼びかけに熱心に続こうとする義勇兵の軍が、次々と押し寄せる波のように編成されていくだろうか。自治政府がどこかに姿を現し、それがじわじわと支持を得ていくだろうか。あるいは全国的な勢いが高まって、一挙に私たちを蜂起へと向かわせるだろうか。これらのイメージが、一人の年老いた歴史家の頭のなかでぐるぐると回っている。私の乏しい知識では、これらのイメージからどれを選ぶべきかはわからない。しかし次のことは率直に言っておきたい。いずれにしても、私たちはまだ血を流すべきだと思う。たとえそれが大切な人たちのものだとしてもである(家族のことを言っているのではない。私は家族にはそれほどの価値を置いてはいない)。なぜなら犠牲のないところに救済はないのであり、全面的な国民の自由も、自らそれを勝ち取ろうと努力しなければならないからだ。

祖国の再建は、私たち年配者の仕事ではない。敗北したフランスには、老人たちの政府ができるだろう。それはごく自然なことである。だが新しく訪れる春のフランスは、若者のものでなければならない。前大戦を戦った先輩の経験から、若者は勝利の安逸にとどまるべきではないという、悲痛な特権を得るだろう。最後の成功がいかなるものであろうとも、一九四〇年の大災厄の影は消え去ろうとはすまい。このように激昂したなかで働かざるを得ないのは、よいことだとも考えられる。私は若者に何らかの綱領をつくるほど、自信過剰ではない。彼らが自身で頭と心の内奥から法則を引き出すだろうし、その輪郭を諸事件から得た教訓に合わせていくだろう。ただ私たちとしては、群衆に教育も与えず気持ちをすり合わせることもせず、遺恨と慢心から、ただ群集を支配すると息まくような体制の不毛な状態だけは避けるようにと、願うばかりである。フランスの民衆は当てにすることができるし、信を置くにたる人びとである。私たちは彼らにも、斬新なこと、多くの斬新なことを手がけながら、フランスの真正の遺産との連携を絶つことのないように期待したい。フランスの遺産は、伝統の使徒だと自任する輩が求めるところにはないし、少なくともすべてがそこにあるわけではない。ヒトラーはある日、ライシュニンクに語った。「人間の美徳よりは悪徳を当てにするのは正しいことだ。フランス革命は美徳に訴えた。われわれとしては、その反対をするのがよかろう」。フランス人、言い換えれば文明化された人間——両者はまったく同じ意味である——が、ヒトラーのこの教えよりも、革命の教え、あるいはモンテスキューの教えの方を選んだとしても、許されるであろう。「民衆の国家においては、ばねのような柔軟な力が必要である。それこそが美徳なのだ」。こういうことで任務がより困難になったとしても、それはたいしたことではない！　高邁な目標をもつ自由な民衆は、二重の危険をおかすのだ。しかし戦場で、兵士たちに冒険の恐ろしさを教える必要などあるだろうか。

ゲレ＝フジェール（クルーズ県）一九四〇年七—九月

マルク・ブロックの遺書（二宮宏之訳）

フランスであれ、異国の地であれ、私《わたくし》がどこで、またいかなる時に死を迎えることになろうとも、私は最愛の妻に、もしも妻がその任にあたれぬ場合には私の子どもたちに、かれらがよしと判断するとおりに葬儀をおこなうことを委ねる。葬儀は純粋に非宗教的なものとなるはずだ。家族は、私が他の形式の葬儀を望まなかったことをよく知っているからである。ただ、その日には、葬儀がおこなわれる家であれ墓地であれ、以下の短い文章を友人の誰かが読み上げてくれるよう希っている。

《ヘブライの祈りの旋律は、私の祖先の多くの者、そして父その人の最後の休息の時にも添えられていたとはいえ、私は、私の墓前でその祈りの言葉が朗誦されることを望んだことはありません。私は全生涯を通じ、言葉と精神のまったき誠実さを目指して最善をつくしてきました。偽りを許容するような態度は、それがどんな口実に飾られていようと、魂を侵すもっとも悪質な病毒と考えています。私は自分の墓碑の銘として、私などとは較べものにならない偉大な人物に対し贈られたのと同じ「かれは真実を愛した」(Dilexit veritatem)という簡潔な言葉だけを刻んでくれるよう希っています。そうであればこそ、すべての者がみずから自分自身を要約しなければならないこの最後の別れの時に、私がその「信条」(credo)を認めていないユダヤ正統信仰の吐露への呼びかけが、私の名においてなされるのを容認することはできなかったのです。

しかし、この誠実さに由来する行為のうちに、卑劣な隠蔽ともおぼしきものを看て取る人がいるとすれば、それは私にとっていっそうおぞましいことです。それゆえ、必要とあれば、死を前にして私はこう断言します。私はユダヤ人として生まれたことを否認しようなどと考えたことは一度もなかったし、否認するよう私を誘《いざな》う動機に出合うこともなかった、と。残忍極まりない蛮行に覆われている世界において、ヘブライ予言者たちの高潔な伝統は、キリスト教がそのもっとも純粋な核心部分で受け入れ発展させており、私たちが生き、信じ、闘うための最良の理由のひとつであり続けてはいないでしょうか。

宗派的ないかなる虚礼にも、人種的と称するいかなる絆にも無縁な私は、全生涯を通じ、何にもまして、ごく単純に、自分自身をフランス人だと感じてきました。すでに長い家族の伝統によって私の祖国と結びつけられ、その精神的遺産と歴史に培われてきた私にとって、心おだやかに呼吸ができる他のいかなる国も実のところ思い浮かべることは不可能であり、祖国をこよなく愛し、力をつくしてこの祖国に奉仕してきました。私がユダヤ人であることが、これらの感情に、どんな小さなものであれ障害になりうるなどとは、一度たりとも感じたことがありません。フランスのために死ぬ機会は、二度の大戦を通じて私には与えられませんでしたが、嘘いつわりなく、私自身に対しこう証言することができます。私は、これまでそう生きてきたのと同じように、よきフランス人として死ぬのだ、と。》

そして最後に、もしも原文を手に入れることができたならば、私が五度にわたって授与された表彰状を朗読してほしい。

クレルモン＝フェラン、一九四一年三月一八日

訳者あとがき

マルク・ブロック最晩年の著作である『奇妙な敗北』は、フランス史家、井上幸治の手によって、すでに一九五五年に東京大学出版会から日本語に訳されている。それからほぼ半世紀を経て、新訳を手がけることとなった。

フランスでは本書は、戦争終結の翌年、一九四六年に初版が、一九五七年には第二版が出されている。今回底本としたのは、政治学者スタンレー・ホフマンの序文を新たに加えた一九九〇年のガリマール版である(Marc Bloch, *L'étrange défaite: Témoignage écrit en 1940*, Paris, Gallimard, 1990)。翻訳にあたっては井上訳、および英語訳を参照した(*Strange Defeat: A statement of evidence written in 1940*, Translated by Gerard Hopkins, New York/London, W. W. Norton & Company, 1999)。訳注は〔　〕で記したが、あまり多いと煩雑でもあるため、原文を損ねない範囲において括弧は付さずに言葉を補った箇所もある。また一九九〇年版の巻末にはブロックの遺書のほか、地下活動のなかで書き記した論考や報告書、軍務においてブロックが受けた表彰状の文面、ドイツ占領下でやりとりされた手紙など、いくつかの文章が収められているが、本書では遺書以外は割愛した。序文については、初版と一九九〇年版の双方とも訳出してある。

著者ブロックについては、いまさら多言を要すまい。一九二九年にリュシアン・フェーヴルと雑誌『アナール』を創刊した中世史家であるのは周知のことに属するであろうし、主著の『封建社会』や『フランス農村史の基本性格』、『王の奇跡』はもちろん、『歴史のための弁明』や『比較史の方法』など歴史学方法論についての書物も日本語で読むことができる。本書はそのブロックが、第二次大戦期にドイツとの闘いの最前線にいた体験から、なぜフランスが敗北を喫したのかを考察したものである。自ら体験したことをほぼ同時代において、しかも客観的に、これほど多様な側面から緻密な分析を行ないえたことは、この時期について書かれた最初期のものとして、今日でも本書が不動の地位にあるゆえんである。

しかし本書は初版のときから広く読まれたわけではない。二〇〇六年初め、歴史家アネット・ベケールとブロックの長男エティエンヌの編集で、ブロック自身やブロックをめぐる人びとがさまざまな折に認めてきたものを、ブロックの生涯に沿ってまとめた大部の書物が出版された。その書『マルク・ブロック――歴史、戦争、レジスタンス』(ガリマール社)によれば、『奇妙な敗北』は初版のほぼ五〇〇〇部は売り切れたものの、増刷された五〇〇〇部は売れ残った。アルバン・ミシェル社による第二版の売れ行きは悪く、アルマン・コラン社から第三版が出たときもさして変わりはなかった。

そのような状況が変化したのは、一九九〇年に本書がガリマール社の「フォリオ」叢書の一冊として新書版サイズになってからだという。編者たちはその背景として、一九七〇年代以降、ドイツ占領下のフランス、いわゆるヴィシー政権期についての歴史叙述が著しく革新されたことをあげている。ドイツの占領から解放されて後のフランスでは「レジスタンス神話」が蔓延し、歴史学においても占領期の暗い過去を正面からとらえようとする姿勢はほとんどみられなかった。それが一九七〇年代にアメリカの歴史家ロバート・パクストンが『ヴィシー時代のフランス』(渡辺和行・剣持久木訳、柏書房、二〇〇四年)を発表したのを機に、この時期に対するアプローチは「パクストン革命」と呼ばれるほどの大きな転換を遂げた。パクストンの研究によって、とりわけこの時期のユダヤ人迫害が、ドイツの圧力によってではなく、ヴィシー政府が自ら主体的にかかわったものであったことなどが明らかにされたからである。戦後生まれの新しい世代の研究者の登場によって、改めてヴィシーという負の時代を見つめようとする機運も高まった。こうしたなかで『奇妙な敗北』も新しい読者層を獲得し、新版を通して広汎に読まれるようになったというのである。

確かにブロックの分析は鋭いだけに、すべての面において手厳しい。「レジスタンス神話」時代のフランス人には、こうした批判がよく消化できなかったことは十分に考えられる。それが「パクストン革命」後、新しい研究の進展に加え、大戦を直接には知らない若い世代が社会の大半を占めるようになって、前線で敗北を体験した歴史家ブロックの書物を一助としながら、この時代を学ぼうとする人びとが増えたとは言えるだろう。

さらに別の視点から、二点ほどつけ加えておきたい。第一に本書の批判には、現代のフランス社会に対するものとしても通用する点が、いくつも見出せることである。歴史の経験に学ぶというのは、日本の現状を省みても、現実にはきわめて困難だとの思いを強くせざるを得ない。第二に本書の記述には、まさに第三共和政期の公民教育が培った共和国市民としての視線が浮き彫りになっていることである。歴史家のまなざしに歴史教育の歴史を読み取る、とでも言えようか。ブロックの書は、時代に応じて新たな関心を喚起してくれている。

＊

二一世紀を迎えた今日において本書を読み直すと、やや気になる点がないわけではない(不適切と思われる用語もわずかながらあるが、それはさしあたり問題ではない。それらについては今日の基準で変えることはせず、そのまま訳出した)。本書では全編にわたってブロックの鋭い批判が展開されているのだが、批判をする前提として、ブロック自身がいかに愛国者であったのかが、冒頭から述べられている。ヴィシー政権期という反ユダヤ主義の嵐が吹き荒れた時代において、ユダヤ系であるブロックが、フランス人としてフランスを愛しているからこそ批判をする、という姿勢を前面に押し出したのは、必然のことであっただろう。それは時代状況を考慮に入れたとしても、今日からすると、かなり強烈なナショナリズムと映る。

この点をめぐっては、新版のスタンレー・ホフマンの序文において、十分に説明がなされていると思われる。ホフマンは一九二八年のウィーン生まれで、翌年には家族でフランスに移住してフランス国籍を取得した。戦後はパリ政治学院とパリ大学法学部で学び、一九五五年からはアメリカに居を移してハーバード大学で政治学の教鞭をとっている。ホフマンはブロックと同じようにやはりユダヤ系として、反ユダヤ主義の時代を体験した一人でもある。

ホフマンが序文を記した一九九〇年の前後には、ベルリンの壁の崩壊やソ連の解体という世界を揺るがす事件が続き、時代は大きく変化していった。そうしたなかで書かれたホフマンの解説は、対外的にはヨーロッパの統合の進展、国内的には旧植民地出身者の増加、といったフランス社会の内外における変貌を視野に入れたものであり、二〇年近くたったいまでも有効である。本書が新しい世紀に読み継がれていくうえで、きわめてふさわしい序を得たと言えるだろう。

また幸い私たちには、二宮宏之先生による『マルク・ブロックを読む』(岩波セミナーブックス、二〇〇五年)もある。とくに第五講「生きられた歴史」は、占領下のブロックに焦点をあてたもので、理解を深めるために本訳書と併せてぜひお読みいただきたい。

＊

他方、そうして変貌してきたフランス社会では、今日ブロックの姿勢が異なる角度から取り上げられている面も見受けられる。ヴィシー政権期にユダヤ人迫害の責任者だったフランス人が「人道に対する罪」で裁かれたのは、一九九〇年代である。この一連の裁判を一つのきっかけとして、二〇世紀の末には、かつての植民地アルジェリアの独立戦争期(一九五四―一九六二)におけるフランス軍の種々の行為が改めて問題視されるようになり、さらには旧植民地系の「フランス人」が「二流市民」とされている現状ともあいまって、フランス社会で「植民地(支配)の記憶」が大きくクローズアップされてきた。ヴィシー時代や植民地支配の歴史はいずれもフランス史の負の側面であり、近年はそれらにどう向き合うかといった歴史認識の問題などが、話題を集めてきてもいる。

それは一方では、こうした歴史を正面から受け止めようとする動きとして現れているが、かたやそれへの反動として、フランスの歴史や現状をめぐっての過剰な「悔悛」を非難する論調が相次いで出されるという状況も生みだした。たとえばマックス・ガロによる『フランス人である誇り』(ファイヤール社、二〇〇六年)はそれを代表するものだが、書店で平積みとなっているこの小さな書物には、『奇妙な敗北』からの引用が少なからず見出せる。「私は祖国を愛することが、自分の子どもを愛する妨げになるなどと考えたことは一度もないし、さらに言えば、精神、あるいは階級の国際主義が、祖国の崇拝と相容れないものだとは思わない。あるいはむしろ、自分の意識について自問しながら思うのだが、こうした二律背反は存在しないと感じている。心にもっと愛情を抱くことを禁じられているなら、それは哀れな心である」(一九九―二〇〇頁)、さらには「フランスの歴史を決して理解できないだろうフランス人には、二種類ある。まず、ランスの聖別式の追憶に感動しない者。そして連盟祭の物語を感動もなしに読む者である」(二二八―二二九頁)といった箇所である。これらの言葉は、今日でもブロックは否定しないであろう。しかしガロは異なる時代の異なる文脈のなかに、ブロックの言葉をはめこんでいるのではないだろうか。

このような傾向については、本書のなかですでに答えが示されている。本書においてブロックは、「現在について考えることなくして過去を理解するのは不可能である、と確信するようになった」(四〇頁)、「過去が現在全体を支配しているというのではない。しかし過去なしには現在は理解できないのだ」(二一六頁)と繰り返し述べている。これは、歴史は現在と過去との絶えざる対話であるとしたイギリスの歴史家E・H・カーの言葉に通じるものである。

言うまでもなくそうした対話は、現在の尺度で過去のテクストを読むことではない。「歴史学のもたらす教訓は、過去は繰り返され、昨日あったことが明日もそうだということではない。歴史学は昨日がいかに、そしてなぜ一昨日とは異なっているのかを検証し、その比較において、今度は明日がどのような意味において昨日と異なるのかを、予見する手段を見出そうと」するものである。類似の言葉で表現される現象があればこそ、人間社会のなかに持続する要素と変化する要素を見分けなければなるまい。「なぜなら歴史学はその本質からして、変化の科学」だからである(一七四―一七五頁)。

グローバル化が加速するのと並行して、世界の各地でナショナリズムが昂揚しているなかで、日本では二〇〇六年末に、「愛国心」を教えることを含めた教育基本法の「改正」が強行された。国を愛することの「危うさ」を認識すべき時代に歴史から何を学ぶのか、改めて考える必要があるだろう。今日という時代を生きるうえでも、本書から示唆される点は多いはずである。その意味においても、本書の意義が色あせることはないと思われる。

＊

抵抗運動をともにしたジョルジュ・アルトマン(一九〇一—一九六〇)の序文が色あせて見えることも、おそらく決してないだろう。アルトマンは共産党機関紙の『ユマニテ』や作家アンリ・バルビュスが主宰する『モンド』紙の編集に携わっていたジャーナリストで、一九四一年に抵抗運動組織フラン・ティルール(自由射手)に加わり、翌年三月から同名の機関紙の責任者となった。ブロックは一年後の四三年にこのグループに参加し、一年あまりの活動を経て、パリ解放の二カ月ほど前にあたる四四年六月に銃殺されたものである。アルトマンの文章は、一九四五年三月にまず「レジスタンスのわれらが「ナルボンヌ」」と題して『カイエ・ポリティーク(政治手帖)』に掲載され、そのまま一九四六年の初版では序文として『奇妙な敗北』の冒頭を飾った。昂揚感あふれるアルトマンの文章は、ブロックの最後の姿を伝えてくれる貴重な証言として、私たちの心に長くとどまるのではないだろうか。

最後になったが、本書の翻訳は、二宮宏之先生がお勧めくださったものである。それが二〇〇六年春、先生は帰らぬ人となってしまわれた。できあがった訳書を先生にお届けすることができないとは、想像もしていなかった。それからは編集部の杉田守康さんと、先生の一周忌には完成させることを目標に仕事を進めてきた。この間、杉田さんからいただいた数々の側面支援や励ましに、心からのお礼をお送りしたい。

ブロックの遺書は二宮先生ご自身が、『マルク・ブロックを読む』にすべて訳出されている。先生の想い出に寄せて、本書ではその訳を掲載させていただいた。このようなわがままをご快諾くださった二宮素子先生と、私に本書の翻訳という大任を託してくださった二宮宏之先生に、心より感謝申し上げる。

二〇〇七年一月

平野千果子

著訳者紹介

マルク・ブロック(Marc Bloch, 1886-1944)
20世紀を代表する歴史家．1929年，リュシアン・フェーヴルと共同で『アナール』誌を創刊．『封建社会』『王の奇跡』『フランス農村史の基本性格』『歴史のための弁明』などを著し，現代歴史学の形成に大きく寄与した．1944年3月，レジスタンス活動中にゲシュタポに逮捕され，同年6月16日，銃殺．
主要訳書：『新版　歴史のための弁明』(松村剛訳，岩波書店)，『王の奇跡』(渡邊昌美・井上泰男訳，刀水書房)，『封建社会』(堀米庸三監訳，岩波書店)，『西欧中世の自然経済と貨幣経済』(森本芳樹訳，創文社)，『比較史の方法』(高橋清徳訳，創文社)，『フランス農村史の基本性格』(河野健二・飯沼二郎訳，創文社)など．

平野千果子
1958年生．武蔵大学人文学部教授．専攻フランス帝国史．
主要著訳書：『フランス植民地主義の歴史』(人文書院)，「第二次世界大戦とフランス植民地」(『思想』895号)，「世界の探検と植民地問題」(『アソシアシオンで読み解くフランス史』山川出版社)，「歴史を書くのはだれか」(『歴史評論』677号)，『フランス革命の家族ロマンス』(リン・ハント著，共訳，平凡社)など．

奇妙な敗北──1940年の証言　　マルク・ブロック

2007年2月22日　第1刷発行

訳　者　平野千果子《ひらのちかこ》

発行者　山口昭男

発行所　株式会社 岩波書店
〒101-8002 東京都千代田区一ツ橋2-5-5
電話案内 03-5210-4000
http://www.iwanami.co.jp/

印刷・理想社　カバー・半七印刷　製本・牧製本

ISBN 978-4-00-022559-5　Printed in Japan

新版 歴史のための弁明　M・ブロック　松村剛訳　四六判二四四頁　定価一九九五円

マルク・ブロックを読む　二宮宏之　四六判二七四頁　定価二五二〇円

記憶の場 全三巻　P・ノラ編　谷川稔監訳　A5判　定価各六九三〇円

西欧中世形成期の農村と都市　森本芳樹　A5判四九八頁　定価二五五〇円

中世初期フランス地域史の研究　佐藤彰一　A5判四〇〇頁　定価九八七〇〇円

ヨーロッパ近代の社会史　福井憲彦　四六判三二二頁　定価二九四〇円

上村忠男・大貫隆・月本昭男
二宮宏之・山本ひろ子編
シリーズ 歴史を問う 全六巻　A5判　三五七〇円　定価　三七八〇円

岩波書店刊

定価は消費税5%込です

2007年2月現在